LA « DÉVIATION » DANS L'ÉPICURISME

ENTRE HASARD ET NÉCESSITÉ

PAR PASCAL GRAFF

La parole est l'ombre de l'action.
Démocrite

ISBN 978-2-9547-4500-8
Dépôt légal – 1re édition : 2014, janvier

ABRÉVIATIONS

DL   Diogène Laërce, *Vies et doctrines des philosophes illustres*, dans l'édition du Livre de Poche

DRN   Lucrèce, *De la nature* (*De rerum natura*)

Fat.   Cicéron, *De fato* (*Du destin*) dans l'édition des Belles lettres, Paris

Fin.   Cicéron, *De finibus bonorum et malorum* (*Des termes extrêmes des biens et des maux*) dans l'édition de La Pléiade, *Les Épicuriens*, Paris, 2010

Hrdt.   Épicure, *Lettre à Hérodote*

MC   Épicure, *Maximes capitales*

Mén.   Épicure, *Lettre à Ménécée*

Pyth.   Épicure, *Lettre à Pythoclès*

SV   Épicure, *Sentences Vaticanes*

ouv. cit. : ouvrage cité
pas. cit. : passage cité

    Sauf indication contraire, les citations d'Épicure sont données dans la traduction de Pierre-Marie MOREL, *Épicure, Lettres, maximes et autres textes*, Flammarion, Paris 2011 ; et celles de Lucrèce dans la traduction de José KANY-TURPIN, *De la nature*, Flammarion, Paris, 1997.

INTRODUCTION

Ordinairement, lorsqu'on évoque un épicurien, au mieux, on veut désigner un jouisseur de la vie, qui sait profiter du jour qui passe – le *carpe diem* du bon Horace[1] – au pire, le « petit maître d'école » d'une secte d'adulateurs subjugués[2], ou un « pourceau » qui se vautre dans la débauche, dont le ventre tient lieu de siège à une philosophie athée, grossière, primaire.

Ce n'est pas nouveau ! Dès la création de la première « école » d'Épicure à Lampsaque, un disciple dissident, Timocrate[3], proférera une litanie de malveillances toujours reprises par ses adversaires : il vomissait deux fois par jour ses repas, il vivait avec des courtisanes, il était ignare, il était obscène, malingre, frileux, alité, etc.

Historiquement, l'école d'Épicure durera plus de cinq siècles, en restant fidèle aux enseignements de son fondateur, avant de disparaître, comme nombre d'autres, anéantie par les destructions des Chrétiens.

C'est aussi celle qui aura donné lieu, dès le commencement et pour longtemps, aux lectures, les plus tranchées.

Au-delà des calomnies, cette pensée sera combattue, parce que perçue comme dangereuse, par :

• tout le courant « idéaliste », platonicien, néo-académicien (Cicéron[4], Plutarque), et le courant stoïcien (Épictète), pour des raisons politiques et morales ;

• tout le courant sceptique (Sextus Empiricus, Galien), moderniste (Descartes, Leibniz) et nihiliste ensuite (Nietzsche[5]) pour des

---

1. Horace, *Odes*, I, 11, et *Épîtres*, I, 4.
2. Voir, encore en 2007, l'article de Diskin CLAY, *L'Épicurisme : école et tradition*, paru dans le recueil d'articles *Lire Épicure et les Épicuriens*.
3. Voir le détail dans Diogène Laërce, *Vies et Doctrines des Philosophes Illustres*, Le Livre de Poche, Paris 1999, Livre X, ch. 6, désigné désormais ainsi : DLX,6.
4. Pour tous les auteurs cités, voir les sources dans la bibliographie en fin de texte, et l'article d'Olivier BLOCH, *L'héritage moderne de l'épicurisme antique*, in *Lire Épicure et les épicuriens*, PUF, 2007, pp. 187-207.
5. Le cas de Nietzsche est paradoxal, voire contradictoire, comme toute son œuvre et les lectures qui en ont été faites. Il tient, par exemple dans *Ainsi parlait Zarathoustra*, I, 4, une position qui peut sembler conforme à l'épicurisme : « Celui qui est éveillé et conscient dit : *"Je suis corps tout entier, et rien d'autre ; l'âme n'est qu'un mot pour une parcelle de corps."* »

raisons épistémologiques, mais au fond idéalistes ;

• tout le courant « religieux » (Plotin, Lactance, les pères de l'Église, le néo-aristotélisme arabe, la Contre-Réforme, etc.) pour éradiquer toute source d'athéisme présumé.

Elle sera aussi réhabilitée et respectée très tôt par les premiers successeurs, mais aussi diffusée, notamment dans la Rome de la fin de la République, et illustrée génialement par Lucrèce dans son poème le *De rerum natura* : « Oui, disons-le, ce fut un dieu, un dieu celui qui découvrit cette règle de vie aujourd'hui nommée sagesse »[6]. Elle sera ajustée à cette période charnière par Philodème de Gadara, dont on a retrouvé les restes calcinés de la bibliothèque dans la maison des papyrus submergée par l'éruption du Vésuve en 79 ap. J.-C.

La pensée d'Épicure sera retrouvée, d'abord par les érudits de la Renaissance dans un manuscrit du poème de Lucrèce, puis dans l'œuvre de Diogène Laërce, écrite dans la première moitié du 3e siècle ap. J-C et scrupuleusement réhabilitée[7] et défendue dans son authenticité par le chanoine de Digne, Pierre Gassendi (1592-1655), qui en informera tout le courant du libertinage érudit et du matérialisme des Lumières.

L'épicurisme aura été calomnié, et adulé, tout de suite, mais surtout étudié, tout le temps. Si l'on voulait citer ses lecteurs illustres, il faudrait quasiment énumérer tous les grands penseurs dans l'histoire de la philosophie : les Stoïciens de son époque (Chrysippe) ou ultérieurs (Sénèque, Marc-Aurèle), les poètes impériaux (Horace, Properce, Virgile), les philosophes et les érudits de la Renaissance (Dante qui le rejettera au sixième cercle de l'enfer), Bruno, Campanella, Vanini, Machiavel en Italie ; Érasme, (Montaigne beaucoup à travers Lucrèce), les libertins (Cyrano de Bergerac), le matérialisme du 18e siècle (D'Holbach, Diderot). Et puis tous les penseurs depuis la modernité : Spinoza, Hume, Kant, Hegel, Marx, pour ne citer que les plus célèbres, parfois inattendus.

Aujourd'hui encore, pour s'en tenir à des penseurs de langue française, l'épicurisme a été une source féconde pour Louis Althusser, Marcel Conche, Jacques Derrida.

Sans vouloir développer ici une histoire du matérialisme antique, je me propose, d'abord, de replacer Épicure dans son

---

6. Lucrèce, *DRN*, V, 8-10.
7. Déjà Montaigne écrivait : « Épicure, dont les dogmes sont irréligieux et délicats, se porta en sa vie très dévotement et laborieusement. » (*Essais*, II, XI).

temps, en tentant d'éviter un travers parfois présent chez les commentateurs, celui de l'anachronisme. Puis, d'exposer l'un des points célèbres de la doctrine : la déviation des atomes, le *clinamen*, dont la validité s'appuie sur les critères de vérité épicuriens. Et enfin, de retracer une partie de sa destinée, et de sa filiation, dans l'histoire du matérialisme jusqu'à nos jours.

Les origines

Lorsqu'en 365ᵃ, Athènes s'empare de l'île de Samos et chasse ses habitants pour y installer des clérouques, c'est pour riposter à la prise par Thèbes, dirigée par Épaminondas, de l'Oropie, territoire stratégique et riche de l'exploitation de ses forêts de résineux, qui jouxte l'Attique au nord de Marathon, face à l'île d'Eubée.

Néoclès, le père d'Épicure, est un clérouque arrivé à Samos en 352ᵃ. Un clérouque[1] n'est pas un colon au sens antique (celui qui va fonder une nouvelle cité indépendante en quittant la métropole), mais quelqu'un qui reste, dans un territoire conquis, un citoyen-soldat de plein droit, soumis aux mêmes lois, et bénéficiant des mêmes droits que ceux résidant à Athènes. Il lui a été attribué une parcelle de terre qui doit lui permettre de subvenir à ses besoins. Samos sera une des plus grande clérouquie athénienne, avec les îles de Lemnos, d'Imbros et de Skyros. Au point que trente ans après sa fondation, le conseil de l'île, la *boulé* de Samos, comptera deux cent cinquante membres, soit exactement la moitié (cinq cents) de celle de la cité-mère à Athènes même![2]

Au moment où y naît Épicure, en 341ᵃ, depuis quelques années grandit l'opposition d'Athènes à la Macédoine, et Démosthène tente de démontrer à ses concitoyens que Philippe II représente le principal danger pour l'autonomie de leur cité démocratique : les expéditions en Chersonèse, les alliances avec Mégare, l'Achaïe et l'Eubée sont des échecs ; Philippe étend progressivement son influence et ses possessions sur la Thrace au nord-est et la Thessalie au sud de la Macédoine.

À la même époque, Platon vieillissant a écrit, avant de décéder en 348ᵃ, la *République* et le traité des *Lois* ; Aristote, fils d'un méde-

---

1. Le *klêros* désigne en grec attique un lot de terre cultivable tiré au sort.
2. On peut ainsi estimer à 10 000 environ le nombre de clérouques résidant à Samos en 330ᵃ, et à 25 000 le nombre de ses habitants ; aujourd'hui ils sont 35 000.

cin de la cour de Philippe, est le précepteur de son fils et régent Alexandre.

En 338ᵃ, Philippe II porte un coup décisif aux cités grecques alliées dans la 4ᵉᵐᵉ Guerre Sacrée[3] lors de la bataille de Chéronée, qui fait 1 000 morts du côté athénien, mais lui conserve sa flotte et ses possessions des îles de la mer Égée. Alexandre, devenu roi de Macédoine après l'assassinat de son père, reprend à son compte la déclaration de guerre que celui-ci avait prononcée contre le Grand Roi achéménide.

Officiellement, le motif en est la vengeance des destructions que la Perse avait fait subir à la Grèce, et à Athènes notamment, lors des guerres médiques du siècle précédent. Cet argument de propagande va conduire Alexandre, en 335ᵃ, à rendre généreusement à Athènes la tutelle sur l'Oropie et ses ressources, qui lui permettront de financer – nostalgie d'une puissance dépassée – les fêtes des Petites Panathénées rénovées, et une réforme de l'éphébie, alors qu'il se montrera d'une sévérité féroce contre Thèbes, rasée entièrement, et population asservie pour l'exemple, afin de s'assurer des arrières «apaisés» avant son expédition d'Asie.

Les onze années que durera la conquête d'Alexandre, Épicure les passera à Samos, où dès l'âge de quatorze ans il aurait montré des dispositions pour la philosophie, mettant dans l'embarras son maître de lecture en lui demandant d'où venait le chaos dont parlait le poète Hésiode, c'est-à-dire ce qui était à l'origine du monde, des choses, de la nature. Le maître lui aurait répondu que cette question n'était pas de son ressort et qu'il devait la poser aux philosophes. Épicure passera sa vie à tenter d'y répondre.

La conquête d'Alexandre n'est pas qu'une aventure guerrière propice aux épisodes d'un péplum en feuilletons. L'expédition, qu'accompagnent des philosophes, comme le neveu d'Aristote Callisthène, et Pyrrhon, va découvrir de nouveaux mondes et de nouvelles pensées, tel l'ascétisme des gymnosophistes, les sages nus de l'Inde, sans doute les brahmanes. Un ordre nouveau apparaît et un ancien s'efface.

D'abord, dans l'ordre du monde, il apparaît que les Hellènes ne sont plus au centre du cosmos : il existe ailleurs au-delà des limites du monde connu, un univers de peuples qui, bien que ne parlant pas la langue des dieux, le grec, pensent et vivent selon des modes

3. Dite sacrée parce que le motif porte sur un différend dans la direction collégiale du sanctuaire de Delphes entre peuples traditionnellement membres de l'amphictionie, que Philippe se propose de régler à sa façon.

qui revendiquent une sagesse! La démesure (l'*húbris* grecque) du conquérant a fait découvrir une autre mesure de l'espace et du temps, une forme d'illimitation. Dès lors, si les valeurs traditionnelles ne sont plus universellement vraies, alors comment distinguer parmi ce que je perçois le vrai du faux? Pyrrhon en retiendra la «suspension de son jugement» et jettera ainsi les graines du scepticisme, ou plutôt de l'apparence, seule ontologie acceptable des choses, qui peut aussi être retournée et vue comme un pur empirisme[4].

Ensuite, s'effondre aussi l'ordre ancien de la cité, qui était conçue comme territoire autonome, autour de son dieu, ou de sa déesse tutélaire, qui n'a pas su la protéger, où chacun jouissait de l'isonomie, où chacun pouvait prendre la parole pour faire valoir ses droits. Désormais, la divinité du foyer commun s'efface devant la figure du roi, divinisé dès Alexandre de retour à Babylone, devant qui il exige qu'on s'incline, qu'on pratique la prosternation (*proskúnêsis*), qui était la marque du respect, front contre terre, dû au Grand Roi, perse, de surcroît! Courber la tête devant un homme, comme font les barbares, quoi de plus étrange pour un Grec!

La formation

C'est précisément au moment de cette double transition qu'Épicure vivra les années de sa formation. D'abord comme enfant à Samos, ensuite, surtout, lorsqu'il vient à Athènes au printemps 323[a], après son dix-huitième anniversaire, accomplir les deux années de l'éphébie rénovée, obligatoire pour tout fils de citoyen.

Dans sa *Constitution des Athéniens*, Aristote, de retour dès 325[a] dans le sillage du pouvoir macédonien, décrit cette nouvelle éphébie, mise en place en 335[a], grâce aux ressources de l'Oropie recouvrée. La première année se passe en gardes dans les ports, au gymnase en exercices physiques, et, sans doute, en enseignement de rhétorique morale, et dans la participation aux cérémonies religieuses officielles; la seconde, en patrouilles et garnisons dans les forteresses qui gardent les frontières de l'Attique: Éleusis, Panakton et Phylé au nord-ouest, Rhamnonte au nord-est, le Sounion au sud.

Mais au moment où Épicure débarque au Pirée, deux décisions prises par Alexandre peu auparavant vont faire basculer le destin de

---

4. Marcel Conche est le promoteur de la première lecture, et Nietzsche de la seconde.

sa cité, et le sien. La première est un édit proclamé solennellement par Nikanor de Stagire, neveu d'Aristote, à Olympie en 324ᵃ qui autorise le retour de tous les exilés grecs dans leur patrie, et notamment des Samiens chassés par les Athéniens de leur île. La seconde interdit à Athènes, au risque de destruction, de donner refuge à Harpale, le trésorier en fuite avec le trésor fabuleux du roi des Perses, devançant le retour d'Alexandre après son passsage de l'Indus.

En juin 323ᵃ, lorsqu'Alexandre meurt à Babylone, Athènes peut se croire à l'abri des conséquences de ces décisions royales. Elle s'engage alors dans une guerre de libération avec d'autres cités ; mais Athènes ne pourra empêcher ni Antipatros de mater l'année suivante cette guerre lamiaque, ni Perdiccas de mettre à exécution l'édit d'Alexandre en faveur du retour des exilés.

Pour Athènes la catastrophe est immense[5], et pour Épicure aussi, qui, à vingt ans en juin 322ᵃ, se retrouve seul à Athènes, dans l'impossibilité de retourner dans son île. Il quitte alors le Pirée pour retrouver ses parents expatriés à Colophon (au nord d'Éphèse), vieille cité alliée d'Athènes, où son père, pour survivre, enseigne l'écriture aux enfants, et sa mère, comme elle faisait à Samos, passe dans les maisons pour réciter des prières de purification. À Colophon, Épicure aurait à la fois assisté son père dans son emploi d'instituteur, et aurait suivi parallèlement l'enseignement de Nausiphane à Téos (au nord ouest de Colophon), philosophe tenant de l'atomiste démocritéen et de son scepticisme sous l'influence du pyrrhonisme, et les leçons de Praxiphane, disciple de Théophraste[6], à Rhodes. On retiendra des ces sources, que jamais Épicure ne déclarera comme siennes, qu'il a pu y prendre connaissance des doctrines de Démocrite et des critiques qu'Aristote leur opposera.

Pendant la dizaine d'années qu'Épicure passe à Colophon, après une courte année de démocratie chaotique, Athènes aura subi un

---

5. Qui doit accueillir plusieurs milliers de réfugiés ruinés, sans biens et donc sans droits politiques, dans un régime oligarchique.
6. Théophraste est le successeur d'Aristote à la tête du Lycée, installé dans un jardin acheté grâce au soutien de Démétrios de Phalère, philosophe péripatéticien, soutenu par Cassandre, fils d'Antipatros, à la tête de la cité de 317ᵃ à 307ᵃ, avant de s'enfuir, chassé par Démétrios Poliorcète, fils d'Antigone Monophtalmos, devenu roi de Macédoine, à la cour d'un autre diadoque, le roi d'Égypte Ptolémée Sôter, où il contribuera à fonder et dirigera la bibliothèque du Musée.

régime autoritaire, sous influence macédonienne, dirigé par un
« autocrate » philosophe aristotélicien réactionnaire[7]. Ménandre reçoit en 316[a] la victoire pour sa comédie *le Dyscolos*, le bourru, en
qui certains ont voulu reconnaître les traits de son camarade
d'éphébie, Épicure.

La genèse de la doctrine

On se figure parfois que les philosophes accouchent, comme dirait Socrate, de leur système tout armé comme Athéna du cerveau
de Zeus. Les faits historiques, lorsqu'ils nous sont connus,
montrent la plupart du temps qu'ils élaborent leurs doctrines en
héritant de celles de prédécesseurs et en opposition avec celles de
contemporains.

Lorsqu'Épicure quitte Colophon, en 311[a], à l'âge de trente ans,
pour Mytilène, sur l'île de Lesbos, il a sans doute maîtrisé l'atomisme de Démocrite, le « scepticisme » de Pyrrhon, dont Nausiphane fut l'auditeur, et l'idéalisme de Platon. Il va être confronté à
l'opposition organisée d'une école péripatéticienne, fondée par
Aristote lui-même et développée par Théophraste avant de re-
joindre Athènes, fortement installée dans l'île, en cette époque incertaine où les diadoques se partagent les dépouilles de l'empire
d'Alexandre. Au-delà des affrontements dogmatiques – dont à la vérité on ne sait guère sur quoi ils ont porté – on peut avancer que
les aristotéliciens en place se sont débarrassés d'un concurrent sur
le marché lucratif de l'enseignement[8] en excitant contre lui la foule,
le monarque et le gymnasiarque, ce magistrat qui dirige le gymnase
où les philosophes ont l'habitude de s'exprimer.

Pour échapper à ces menaces, dès 309[a] Épicure a dû quitter Lesbos pour naviguer vers Lampsaque, situé sur la rive asianique au
débouché du détroit de l'Hellespont vers la Propontide, l'actuelle
mer de Marmara. C'est là qu'il va fonder sa première école propre-

---

7. Démétrios de Phalère instaurera des magistrats (*gunaikonómoi*) chargés de faire
respecter aux femmes les bonnes mœurs, et fera chanter lors de processions aux
dionysies des poèmes à sa gloire en tant qu' « *hêliómorphos* », un être à l'aspect
solaire…
8. Ces péripatéticiens sont aussi mâtinés de platonisme pythagorisant et de ses
aspects sectaires : dans cette école, les biens des disciples doivent être mis en commun, ce qu'Épicure refusera toujours d'imposer à la communauté du Jardin, car ce
comportement dénote un manque de confiance entre amis.

ment dite et réunir ses premiers disciples, ceux qui lui seront les
plus proches et les plus fidèles : Hermarque, Métrodore et sa com-
pagne Leontion, Idoménée, Colotès, Pythoclès, Polyène[9], Léontus
et son épouse Themista. Le succès de l'école est important. C'est là
qu'il rencontre aussi Mythrès, qui était trésorier de Lysimaque, diadoque, puis roi en Thrace.

Entretemps, en août 307[a] le régime du philosophe-président Démétrios de Phalère, une incarnation du philosophe dirigeant la cité
qu'avait idéalisé Platon dans sa *République*, s'effondre avec la forte-
resse de Mounychie sous les coups de Démétrios Poliorcète entrant
en libérateur à Athènes. Immédiatement l'Assemblée adopte un décret obligeant les écoles philosophiques à soumettre leur ouverture
à une autorisation préalable. Il vise le Lycée compromis auprès de
l'occupant macédonien. Théophraste est expulsé. Mais le décret[10]
sera annulé dès l'année suivante, au motif qu'il est anticonstitution-
nel, car la liberté d'association, notamment religieuse, est garantie
par la loi.

C'est dans ce climat qu'Épicure arrive à Athènes depuis Lampsaque, accompagné de bon nombre de ses amis. Il commence par
enseigner publiquement, puis l'année suivante il acquiert[11] une pe-

9. « Polyène qu'on dit avoir été un grand mathématicien, ensuite adhérent à la doctrine d'Épicure, a cru que toute la géométrie était fausse » (Cicéron, *Premiers Aca-
démiques*, II, 33). Le fait n'est pas qu'une anecdote, car il signale l'opposition avec
les néo-académiciens pythagoriciens et l'école de Cyzique, voisine sur la Propontide, où Eudoxe avait enseigné.
10. Le décret a été proposé à l'*Ekklêsía* par un certain Sophoclès, du parti démocratique, qui sera défendu en 306[a] lors de son procès en *graphê paránomôn* par Dé-
mocharès, le neveu de Démosthène.
11. Diogène Laërce (DL, X, 10) indique qu'elle aurait été achetée au prix de 80
mines, soit 48 000 oboles. Ailleurs, on parle de 30 mines. À partir de Périclès, on
donnera deux ou trois oboles au citoyen pauvre pour compenser la journée qu'il
passe au tribunal ou à l'assemblée. Même s'il est très difficile de comparer avec des
salaires actuels, car la plupart des citoyens utilisent une ressource servile qui ne
leur coûte guère, sont logés chichement même dans Athènes, ne se chauffent
guère, on peut estimer la valeur actuelle de l'achat entre 100 000 et 200 000 euros.
C'est sans doute la communauté des amis, ou la contribution du financier Mithrès,
qui a permis cette acquisition. Elle sera la propriété personnelle d'Épicure, car il
faut être citoyen athénien pour posséder de la terre en Attique. À titre de comparaison, la loi dite des « Petites Panathénées », à l'automne 335[a], attribue 4 100
drachmes, soit 41 mines, à l'achat d'une soixantaine de bovidés dédiés au grand sa-
crifice consacré à l'Athéna Poliás sur l'Acropole, soit environ 100 000 euros au cours
actuel (mais dans une campagne aride comme l'Attique la valeur marchande des
bovidés était sans doute supérieure). Enfin, Démétrios de Phalère, a estimé la fortune que Socrate – ce va-nu-pieds dans Athènes, qui, au contraire des sophistes,
ne faisait pas payer son enseignement – aurait laissée à sa mort en 399[a] à 80 mines.

tite maison dans le quartier de Mélite, à l'intérieur des remparts sud-ouest de la ville, et un jardin proche du Dipylon, la « double porte » au nord-ouest à mi-chemin de l'Académie et du quartier populaire du Céramique. Épicure y vivra jusqu'à sa mort, en 270[a], sans qu'on sache s'il a jamais quitté Athènes.

Il serait trop long, et hors de propos, de détailler ici les événements[12] qui vont marquer l'histoire d'Athènes jusqu'au déclenchement de la guerre de Chrémonidès, au lendemain de la mort d'Épicure. Retenons simplement qu'ils sont été chaotiques – la guerre et ses conséquences y sont quasi permanentes –, Athènes aura changé quatre fois de régime politique.

L'ordre de la cité démocratique a cédé devant le désordre d'une société ouverte sur un monde sans limites, où la liberté de chacun est confrontée à l'autre dans un chaos des apparences ; où règne le hasard à l'origine d'un ordre à venir.

---

12. On trouvera, en appendice 1, une chronologie des événements attiques au cours de la vie d'Épicure.

Autant aborder la philosophie d'Épicure de biais, par une de ses thèses, la plus célèbre et la plus scandaleuse pour certains, la déclinaison des atomes, le *clinamen*, comme l'appelle Lucrèce.

La physique de Démocrite

Pour Épicure, tout part de l'évidence des phénomènes physiques. Cette physique, dont il reprend l'héritage des premiers philosophes ioniens, est un atomisme inspiré de Démocrite, qui peut se résumer en quelques propositions[1]:

Rien ne vient du non-être et rien ne disparaît dans le non-être[2]. Cette affirmation de Parménide, qui semble banale pour nous et plutôt commune à son époque (les Stoïciens acceptent cette forme de matérialisme-là, car en refuser le principe reviendrait à renoncer à comprendre les choses) masque une bataille dogmatique antérieure. En effet, dans son poème Parménide avait affirmé que seul l'être est, et que le non-être non seulement n'est pas, mais qu'il est interdit d'en parler. Démocrite aurait dit, selon Aristote, que:

> l'être n'existe pas plus que le non-être, parce que le vide n'existe pas moins que le corps[3].

L'évidence du mouvement conduit Épicure à attribuer au vide une valeur ontologique contre l'éléate Mélissos qui, niant l'existence du vide, conclut à l'absence paradoxale du mouvement[4].

---

1. Cette présentation doit beaucoup au travail de Pierre-Marie Morel dans son *Épicure*, Vrin, Paris, 2009, et aux leçons de Marcel Conche dans son édition des *Lettres et Maximes* d'Épicure en 1977, et son *Lucrèce et l'expérience*, 1967. On trouve un résumé du *Grand Système du Monde* de Démocrite dans Diogène Laërce, IX, 44-45.
2. Épicure dit dans la lettre à Hérodote, reprise dans DL, X, 38-39 : «il faut voir, tout d'abord que rien ne naît du non-être, car tout naîtrait de tout, sans jamais requérir aucune semence». Sauf avis contraire, les traductions sont celles de Pierre-Marie Morel, dans *Épicure, Lettres, maximes et autres textes*, Flammarion GF, Paris, 2011.
3. Aristote, *Métaphysique*, A.4, 985b4.
4. «Aucun vide n'est non plus. Car le vide n'est rien ; et le néant ne saurait être. [L'étant] ne se meut pas non plus. Car il ne peut se déplacer dans aucune direction, et au contraire est plein. Si en effet le vide était, il pourrait se déplacer vers le vide. Mais si le vide n'est pas, [l'étant] n'a pas de lieu où aller.» Simplicius, *Commentaire sur la Physique d'Aristote*, 111, 18, in *Les Présocratiques*, La Pléiade, p. 312.

Au surplus, l'assertion, « rien ne naît de rien », affirme aussi qu'il n'existe pas de causes aux créations de la nature en dehors de la nature, même si « n'importe quoi ne naît pas de n'importe quoi », et que toute création doit être adaptée à sa nature.

Le tout est composé de corps et de vide, qui sont les seules natures complètes ou les seuls êtres existant par soi[5]. C'est l'affirmation ontologique des principes des corps. On notera qu'à l'origine sont les corps, et non les atomes. En ce sens, résolument, l'épicurisme est un matérialisme plutôt qu'un atomisme.

Parmi les corps, les uns sont des composés ; les autres – les atomes – ceux dont les composés sont faits[6].

Le tout est illimité, ou infini, en quantité pour les corps, et en grandeur pour le vide[7].

La quantité des différentes formes d'atomes est si grande qu'elle nous est inconcevable[8].

Les atomes se meuvent continûment et éternellement, du fait de l'existence du vide.

La deuxième proposition (« Le tout est composé de corps et de vide ») exclut tout principe déterminant qui serait immatériel, comme la forme préexistante du corps aristotélicienne ou les formes intelligibles (les idées) platoniciennes. On a pu voir dans cette proposition doctrinale, empruntée à Démocrite, une forme du réductionnisme, dont la définition serait que :

a) les propriétés des composés sont explicables par celles des atomes ;

b) les composés n'ont pas d'autre efficacité causale que celle des atomes ;

c) l'agent ne peut avoir d'initiative réelle ni de responsabilité de ses actes.

---

5. « Le tout a toujours été tel qu'il est maintenant, et il sera toujours tel. En effet, il n'y a rien en quoi il change. En dehors du tout, en effet, il n'y a rien qui, étant passé en lui, produirait le changement. Mais, en outre, le tout est < corps et vide > », *Hrdt*. 39.

6. « Les principes insécables sont nécessairement les natures des corps. » *Hrdt*. 41.

7. « Le tout est infini. Car ce qui est limité a une extrémité ; or l'extrémité est vue à côté de quelque chose d'autre. De sorte que n'ayant pas d'extrémité, il n'a pas de limite ; mais n'ayant pas de limite, il ne saurait être qu'infini, et non limité. Et encore : le tout est infini par la quantité des corps et la grandeur du vide ». *Hrdt*. 41, traduction Marcel CONCHE, *Épicure, Lettres et Maximes*, PUF Épiméthée, Paris, 1987, p. 103, dont le commentaire de *La Lettre à Hérodote* reste indépassé.

8. « tel que le nombre ne peut être embrassé par l'esprit ».

Aristote va pousser la critique de la doctrine jusqu'à sa forme extrême, celle qui élimine tout autre cause, l'éliminativisme, pour lequel :

a) il n'existe rien qui puisse être réduit hors les atomes ;
b) ce qui a pour conséquence que les composés n'ont pas de qualités propres dont les sensations pourraient rendre compte ;
c) ce qui conduit à une forme élémentaire de scepticisme : les qualités appartiennent aux atomes ; la sensation, l'opinion, n'est que par convention[9], et partant, les atomes étant inaccessibles, « la vérité est au fond du puits », comme le dit Démocrite.

Or, et c'est une position épistémologique fondamentalement différente, Épicure est empiriste, il s'en remet pour trancher à l'évidence de la sensation, à l'observation des phénomènes.

Les trois amendements d'Épicure.

Sentant la double impuissance consécutive de la critique aristotélicienne[10] – impuissance à savoir distinguer le vrai du faux en matière physique, parce que les mouvements des corps sont entièrement déterminés par ceux des atomes, c'est le déterminisme des causes ; impuissance à pouvoir agir pour le bien et à éviter le mal, parce que les animaux seraient mus par des causes qu'ils subissent, c'est le destin – Épicure va amender l'atomisme de Démocrite, le philosophe d'Abdère, sur trois points majeurs en s'appuyant sur des évidences phénoménales.

Premier amendement : *les formes des atomes ne sont pas en nombre absolument infini, mais en un nombre si grand qu'il est indéfini.* Pourquoi ? Car si tel n'était pas le cas, alors il y aurait dans l'infinité des formes atomiques, des atomes tels qu'on pourrait les

9. « Convention que le doux, [dit en effet Démocrite], convention que l'amer, convention que le chaud, convention que le froid, convention que la couleur ; et en réalité : les atomes et le vide. » in Sextus Empiricus, *Contre les mathématiciens*, VII, 136.
10. Le sage « estime pour sa part que certaines choses se produisent par nécessité, tandis que d'autres sont le fait de la fortune et que d'autres encore sont en notre pouvoir, parce que la nécessité ne peut rendre des comptes. Quant à la fortune, il voit qu'elle est incertaine, tandis que ce qui est en notre pouvoir est sans maître et que le blâme et son contraire en sont la suite naturelle – puisqu'il vaudrait mieux suivre le mythe sur les dieux, que s'asservir au destin des physiciens : le premier, en effet, dessine l'espoir de fléchir les dieux en les honorant, tandis que le second ne contient qu'une inflexible nécessité ». *Lettre à Ménécée*, 133-134.

voir. Or, à l'évidence (*enárgeia*) et par définition, on ne peut voir
les atomes. S'il n'existe pas une infinité de variations des impressions sensibles, alors il ne peut exister une infinité de taille des
atomes. On peut reconnaître sous-jacente une proposition originale : il y a dans la nature des choses, non pas des sauts, mais des
seuils à partir desquels les variations quantitatives produisent des
différences qualitatives.

De plus, si le nombre des formes des atomes est indéfini (*aperí-
lêptos*, inconcevable), c'est-à-dire limité, le nombre des atomes de
chaque forme est infini, sans quoi, dans un cosmos illimité, ils se
seraient dispersés sans jamais se rencontrer.

Deuxième amendement : *le vide n'est pas du non-être* (comme
pour Démocrite), *mais un lieu vacant*, un espace (*khõra*) où les
atomes se déplacent. L'Univers épicurien est une pluralité non tota-
lisable de corps et de vide.

Pour prouver l'existence du vide, Épicure va utiliser une forme
de raisonnement qui est récurrente chez lui, que les savants ap-
pellent le *modus tollens*, qu'on peut appeler aussi raisonnement
par l'absurde, le raisonnement apagogique. Tout part d'une assertion qui porte sur ce qui n'est pas visible, qui est encore caché, in-
connu (*ádêlon*) :

a) si le vide n'existait pas, jamais les animaux (les êtres qui sont
animés) ne pourraient se déplacer, car ils n'auraient aucun lieu à
travers quoi se mouvoir et le mouvement ne pourrait se produire ;[11]

b) or les animaux, à l'évidence (*enargẽs*), les phénomènes le
montrent, se déplacent, et donc le mouvement se produit dans la
nature ;

c) donc le vide existe.

Si Épicure attribue à l'atome des parties, bien qu'il soit physi-
quement insécable (*átomos*, en grec, veut dire qui ne peut être cou-
pé, divisé), les parties ultimes dont il est composé sont des unités
de grandeur indissociables du tout. Elles sont conçues, par analogie[12] (une autre forme majeure du raisonnement épicurien) avec le
seuil ultime de la perception sensible, qui est toujours à la base de

---

11. « Si n'était pas ce que nous appelons vide, espace ou nature intangible, les
corps n'auraient pas où être ni à travers quoi se mouvoir, comme nous voyons
qu'ils se meuvent. » *Lettre à Hérodote*, 40. Voir aussi *DRN*, I, 329-345.
12. « Il faut penser que cette analogie vaut aussi pour le minimum dans l'atome.
Car si, évidemment, celui-ci diffère par la petitesse de ce qui est vu dans la
sensation, pourtant la même analogie s'applique ». Lucrèce, *DRN*, I, 599 et suiv.

la raison appliquée aux phénomènes : de même qu'il existe une limite à ce que nous percevons (c'est évident), par analogie, il y a dans l'atome (qui nous est caché, *ádêlos*) une grandeur minimale en-deçà de laquelle on ne peut plus le diviser.

Épicure avait déjà abordé le thème en réfutant le paradoxe de Zénon (la flèche immobile) que l'on peut énoncer, avec Simplicius, ainsi :

> S'il y a un mouvement, il est possible en un temps déterminé de traverser un nombre infini de points en touchant chacun d'eux ; mais cela est impossible ; donc il n'existe pas de mouvement.

Aristote[13] dénonce la fausseté de la prémisse (traverser un nombre infini de points en un temps déterminé) en démontrant que pour parcourir une grandeur infinie (en l'allongeant ou en la divisant indéfiniment), il faut un temps infini. Il sauvegarde ainsi la nature indivisible de la substance.

Épicure pourrait se contenter d'opposer l'évidence sensible (le mouvement existe) pour éliminer le paradoxe de Zénon. Mais il n'éviterait pas la critique d'Aristote, c'est pourquoi il réfute la prémisse de Zénon, en énonçant que pour parcourir une grandeur en un temps fini, il suffit que la grandeur ne soit pas divisible à l'infini, qu'elle soit constituée de corps indivisibles, les atomes.[14]

Ainsi est affirmée une physique discontinuiste du réel : la matière se substitue à la substance en répudiant la division à l'infini des corps.

Le troisième amendement porte sur les atomes :

a) les atomes se meuvent à vitesse égale dans le vide, quelque soit leur poids, car rien ne leur oppose de résistance ;

b) la pesanteur, ou plutôt le poids de l'atome, est la cause de son mouvement vers le bas[15], il affranchit l'atome de la nécessité externe des chocs, qui chez Démocrite est résistance de leur masse au tourbillon ;

---

13. *Physique*, VI, 2, 233a.
14. *Hrdt*, 56.
15. Marcel CONCHE, dans son *Lucrèce et l'expérience*, p. 76, fait observer : « Tous les corps du monde sensible, livrés à eux-mêmes, tombent sous l'effet de la pesanteur, un mouvement naturel selon la verticale du haut en bas. (...) La pesanteur est ici tout autre chose que ce que l'on entend par là aujourd'hui en physique : (...) il s'agit là d'un mouvement absolu. Supposons que les atomes tombent tous en chute libre. Même s'ils étaient visibles, leur mouvement ne pourrait être remarqué, car, puisqu'ils se meuvent tous dans le vide à la même vitesse, ils seraient comme immobiles. Mais leur mouvement n'en existerait pas moins. »

c) il existe un mouvement libre (aléatoire et spontané[16]), la *parégklisis*, un mouvement de déviation élémentaire, le plus petit qu'il soit possible de concevoir, qui libère à son tour les atomes de la nécessité interne liée à leur poids les entraînant en trajectoire rectiligne vers le bas.

La déclinaison produit de l'étude et du raisonnement

La déviation, comment Épicure en est-il arrivé là ? Par la raison et par l'étude.

Par l'étude, d'une part : on estime fréquemment qu'Épicure a avancé la thèse de la *parégklisis* pour répondre aux critiques formulées par Aristote contre les atomes de Démocrite et Leucippe s'entrechoquant sans cause naturelle dans le vide inerte. « On ira à l'infini, s'il n'existe pas quelque chose qui soit premier moteur par nature, et si l'on a toujours quelque chose qui est mû antérieurement d'un mouvement contraint »[17]. Or Leucippe (et Platon) « n'énoncent rien ni sur le **pourquoi**, ni sur la **nature**, ni sur le sens, ni sur la cause du mouvement éternel. Pourtant **rien n'est mû par hasard**, mais il faut toujours qu'il existe une cause déterminée. »[18] Est posée la question fondamentale de toute métaphysique : « pourquoi y a-t-il quelque chose plutôt que rien ? », dont la réponse est le démiurge de Platon, le moteur premier d'Aristote, la théodicée de Leibniz. La déviation, qui peut se produire à tout moment indéterminé, en tout lieu indéterminé, échappe à toute cause initiale, au pourquoi, et préserve le hasard, la contingence absolue de la nature telle qu'elle est d'évidence. Lucrèce précisera que, s'il n'existe aucune finalité intentionnelle ou providentielle dans la nature, les *foedera naturae* instaurent une nécessité *a posteriori*. « Il n'y a aucune exigence que la nature soit ainsi et pas autrement, mais il n'empêche qu'elle est ainsi et pas autrement »[19].

Épicure, d'autre part, pose la *parégklisis* par un raisonnement par l'absurde, analogue à celui utilisé pour prouver l'existence du vide. En réalité, il va utiliser le raisonnement deux fois, une fois dans le domaine cosmologique, et une autre fois dans le domaine éthique.

---

16. Lucrèce dit : «ipsa sponte sua», *DRN*, II, 1057-1058.
17. *Physique*, IV 8, 215a[1-13].
18. *Métaphysique*, XII 6 1071b[31-4], je souligne.
19. Gabriel Droz-Vincent, *Les foedera naturae chez Lucrèce*, in *Le concept de nature à Rome*, Paris, 1996, p. 210.

Dans le domaine cosmologique : si la déviation n'existait pas, alors les atomes n'auraient pu s'agréger pour former des corps, et donc des mondes ; or, les phénomènes le montrent à l'évidence, les mondes existent ; donc la déviation existe. De même, dans le domaine éthique : si la déclinaison (le *clinamen*) n'existait pas, la liberté d'agir (la *libera voluntas* de Lucrèce[20]) n'existerait pas, et la capacité de l'esprit à former cette *voluntas* n'existerait pas non plus ; or, à l'évidence, le spectacle des hommes le montre, les êtres animés vont là où les conduisent leurs désirs, et ainsi la capacité de l'esprit à former cette *voluntas* existe ; donc, le *clinamen* existe.

Les implications de la déviation

En matière philosophique, les implications de cette assertion, « la déviation des atomes existe », sont considérables.

D'abord dans le domaine éthique, elle garantit la possibilité de l'action délibérée, de la responsabilité personnelle, du « blâme et de la félicitation »[21], c'est-à-dire à la raison de mener une éducation philosophique en vue d'atteindre au souverain bien, le bonheur, qui est pour Épicure l'absence de trouble dans l'âme (*ataraxía*) et de peine dans le corps (*aponía*). C'est toute la pratique amicale entre disciples dans l'école qui est en jeu. Certains, saisis par cette assertion paradoxale : « il existe un mouvement des atomes sans cause, sans origine, sans *arkhế* », ont pensé qu'Épicure l'avait défendue pour se moquer des philosophes académiciens, aristotéliciens et stoïciens[22].

En tout état de cause, elle répond au providentialisme qui est à l'œuvre dans le dos des philosophies idéalistes, d'abord celui de la théologie astrale du *Timon* et des *Lois* de Platon. Ce providentialisme savant sera repris par Aristote, et par les Stoïciens, qui affirment que les astres sont des dieux, qui dirigent la nature et les hommes par des décrets inflexibles. Derrière les idées platoniciennes, se cache un démiurge, un destin auquel de toutes façons, on ne peut que se soumettre, comme on doit admettre sa position sociale dans une République d'asservissement pour tous, sauf pour ceux qui pensent le bien des autres, les philosophes ... platoniciens

---

20. Voir ici le passage du *De rerum natura*, et ses traductions variées, en appendice 2.
21. « Ce qui est en notre pouvoir est sans maître et le blâme et son contraire en sont la suite naturelle », *Mén.*, 133.
22. Voir Olivier BLOCH, *Les jeux de l'humour et du hasard*, in *Autour d'Althusser, penser un matérialisme aléatoire*, Paris, 2012, pp. 97-110.

de préférence. Au contraire, le Jardin, ce lieu sans doute métaphorique de la cité déchue, est ce clos où le sage, avec ses amis, fait murir les fruits de la liberté[23].

Si l'on affirme qu'il n'y a pas de cause à cette déviation, car l'atome est indépendant à l'égard de ses propres états antérieurs, et qu'elle est cause du mouvement et du monde, on se trouve apparemment aux prises avec deux assertions contradictoires :

- ou bien les atomes chutent en ligne droite, et s'il n'y a pas de cause à leur déviation, alors ils ne dévient pas ; s'ils dévient c'est qu'il existe une cause à cette déviation ;
- ou bien les atomes ne chutent pas en ligne droite, et c'est donc qu'ils dévient depuis toujours, puisqu'ils sont éternels, et il n'y a pas lieu de poser une déviation avec ou sans cause.

La contradiction avec la logique semble patente[24] dans la présentation qu'en fait Cicéron :

> Les épicuriens [certains d'entre eux après Épicure] disent que de telles propositions ne sont ni vraies ni fausses ; que les disjonctions de contradictoires sont vraies, mais des choses énoncées, ni l'une ni l'autre n'est vraie[25].

Ils nieraient non seulement un principe élémentaire pour l'école des dialecticiens de Mégare, le principe de bivalence : « toute proposition est vraie ou fausse », mais aussi le principe du tiers-exclu : « si l'on admet que deux propositions sont contradictoires, alors il découle nécessairement et exclusivement que la vérité de l'une implique la fausseté de l'autre ».

Épicure rejoindrait le point de vue qu'Aristote présente dans *De l'interprétation*, IX :

> Il faut alors nécessairement que l'une des deux propositions contradictoires soit vraie, et l'autre fausse, mais ce n'est pas forcément celle-ci, plutôt que celle-là : en fait, c'est n'importe laquelle, et, bien que l'une soit vraisemblablement (*i.e.* probablement) plus vraie que l'autre, elle n'est pas pour le moment (*êdê, i. e.* actuellement) vraie ou fausse.

Essayons de clarifier une question rendue confuse par la polémique qui oppose toutes les écoles philosophiques hel-

---

23. « Le fruit le plus important de l'autosuffisance, c'est la liberté. », *Sentence Vaticane* 77.

24. Cette apparente aporie provoquera les sourires condescendants de Cicéron (*La Nature des Dieux*, I, 69-70 ; *Du Destin*, 22-23), les ricanements apitoyés de Fénelon (*Traité de l'existence de Dieu*, ch. II, *Réponse aux objections des épicuriens*, donné ici en appendice 3), et les interrogations de savants récents comme P.M. MOREL (*Épicure*, 2009) et Tim O'KEEFE (*Epicurianism*, 2010). Alain GIGANDET dans *Natura Gubernans*, in *Le concept de nature à Rome*, 1996, p. 213-225, et Julie GIOVACCHINI, dans *L'Empirisme d'Épicure* (2012, p. 184 et suiv.), me semblent avoir complètement dépassé l'aporie.

25. Cicéron, *De Fato*, 37.

lénistiques : Académie, Lycée, Portique, Jardin. De quelles choses parle-t-on ? De quelle logique s'arme-t-on ?

Qu'on considère qu'Épicure a pris connaissance des théories d'Aristote dès son séjour à Mytilène, ou qu'il l'a lu après son arrivée à Athènes, ou simplement qu'elles soient dans « l'air de son temps », on peut admettre qu'il connaît les définitions des choses telles que celui-ci les a établies dans sa *Physique*[26], par exemple, résumées dans le tableau suivant :

			1.1.1. SANS FIN		CAUSES
1. CHOSES phénomènes artefacts événements.	**1.1.** IRRÉGULIÈRES • qui vont contre les lois naturelles; • dont la cause essentielle est antérieure et extérieure, indéterminée.	**1.1.2 EN VUE D'UNE FIN** • qui ont un but et un pourquoi; • qui sont produites par la pensée; la nature.	**1.1.2.1.A** ACCIDENTELLES ET INDIRECTES • qui viennent de la nature; • ou de la pensée.	**1.1.2.1.B FORTUITES** • qui concernent une activité d'êtres libres et rationnels; • qui peuvent rendre heureux.	PAR HASARD
			1.1.1.2. PAR SOI • qui arrivent spontanément, sans que ce soit pour l'effet produit, parce que sans intention ou produit en vain; • qui concernent les animaux et êtres inanimés.		SANS HASARD SPONTANÉMENT
	1.2. RÉGULIÈRES • perma-nentes ou fréquentes; • leur cause est en soi, intérieure et nécessaire.	**1.2.1. EN VUE D'UNE FIN** • qui ont un but et un pourquoi; • qui sont produites par la pensée; la nature.	**1.2.1.1.** PAR SOI	**1.2.1.1.A** AVEC UNE PRÉFÉRENCE réfléchie de la pensée	SANS HASARD
				1.2.1.1.B AVEC UNE INTENTION	
			1.1.2.2. ACCIDENTELLES ET INDIRECTES • qui viennent de la nature; • ou de la pensée.		PAR HASARD
			1.2.2. SANS FIN		CAUSES
DANS L'ORDRE DES CAUSES ET DANS LE TEMPS					
NATURE PENSÉE	LOIS DE LA NATURE CIEL	PAR SOI	ACCIDENTELLES		HASARD

---

26. Aristote, (*Physique*, II, 6-9), suivant trad. Pellegrin.

Manifestement, Épicure ne peut admettre des choses dont les propriétés feraient qu'elles arrivent en vue d'une fin par nécessité. Essayons de synthétiser sa propre identification des choses, telle qu'elle apparaît dans la *Lettre à Hérodote* (68-73) ou le *De Rerum Natura* de Lucrèce :

LES RÉALITÉS
CHOSES EXISTANTES

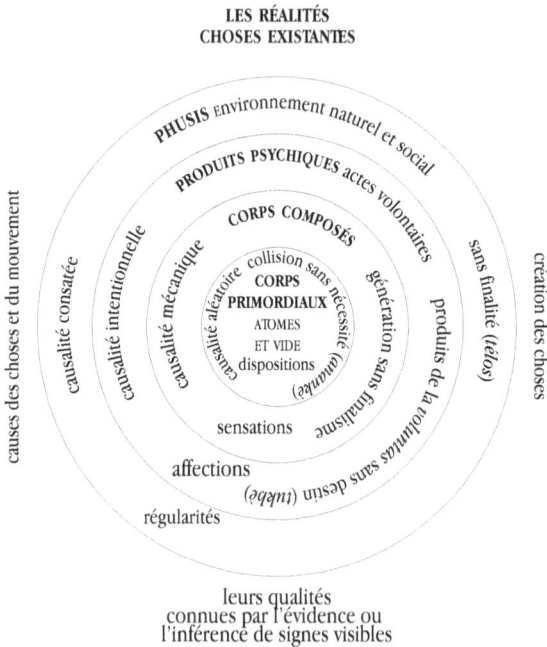

leurs qualités
connues par l'évidence ou
l'inférence de signes visibles

À la causalité linéaire, mécaniste et finaliste d'Aristote, Épicure oppose une causalité complexe, par cercles de niveaux ontologiques et effets de seuil, sans origine et sans finalité, telle que Julie Giovacchini la décrit dans son étude *L'Empirisme d'Épicure* (p. 183) :

> Le système épicurien a une structure originale, qui ne fonctionne pas comme une arborescence, mais qui s'étale en cercles concentriques : il y a les points principaux et les étais de ces points.

Au centre de la *phusis*, au niveau des atomes, règne une causalité sans finalité, dont le mécanisme engendre, à partir d'une composition déterminée, mais contingente, le mouvement et la rencontre des choses : l'atome y est cause de l'être.

Au niveau ontologique des composés, une causalité sans déterminisme, sur le modèle de la génération apparenté à celui de la médecine empiriste, s'applique aux choses du monde sensible, organisés au sein d'une nature immanente.

Au niveau ontologique des êtres naturels doués de volonté — les animaux diront les latins, les *zôa* pour les Grecs — une causalité intentionnelle explique leurs mouvements volontaires, la *libera voluntas*, volontaires, mais non pas spontanés : les mouvements spontanés sont propres uniquement aux choses du premier niveau, celui des corps primordiaux.

Chaque niveau en tant que tel est ontologiquement cohérent, c'est le passage de l'un à l'autre qui sera considéré, dès l'Antiquité, ou contradictoire, ou incompréhensible, ou naïf. Certains modernes, par bienveillance avanceront que le niveau suivant peut bien émerger du précédent, notamment dans une vision vitaliste de la génération.

Le *clinamen*, dès lors, ne serait pas un événement expérimental de la physique se répétant pour chaque acte volontaire, mais serait donné une fois pour toute. La question n'est plus ontologique (celle d'Aristote, la puissance causale), mais épistémologique : le *clinamen* permet de circuler sans contradiction entre les niveaux : il est «une donnée du modèle» à l'origine, tel que le *big bang* dans la théorie de Lemaître, le *clinamen* est un *big bang* pour le matérialisme de la contingence.

L'empirisme d'Épicure part des corps composés, perçus par la sensation et conçus par l'appréhension imaginative de la pensée. Ils sont générés par assemblage des atomes et sont détruits par leur dispersion. Ils agissent et pâtissent. Leurs qualités sont soit des propriétés permanentes, essentielles à leur nature, soit des accidents occasionnels, dont l'arrivée ou le départ ne détruit pas la nature de la chose.

À ces choses, l'empirisme d'Épicure applique les critères de vérité présentés dans le tableau de la page suivante[27] :

---

27. D.L. X, 34 ; *Hrdt.* 51

NATURE	CHOSE	VRAI	FAUX	CANON	LOGIQUE
PHYSIQUE	VUE EN ATTENTE *tó prósmenon*	ATTESTATION confirmation *epimartúrêsis*	NON ATTESTATION non confirmation *ouk epimartúrêsis*	SENSATION DIFFÉRÉE ET PRÉCISÉE	PRINCIPE DE BIVALENCE
	CACHÉE *tó adêlon*	NON INFIRMATION *ouk antimartúrêsis*	infirmation *antimartúrêsis*	INFÉRENCE À PARTIR DES SIGNES (*sêméiôsis*) fournis par la sensation et l'appréhension imaginative de la pensée (*êpibolé tes dianóias*)	REJET DU TIERS-EXCLU
MÉTAPHYSIQUE	FUTURE	EXÉCUTION DE L'ÉVÉNEMENT	NON EXÉCUTION DE L'ÉVÉNEMENT		
	HYPOTHÈSE sur les causes	NON INFIRMATION DU PHÉNOMÈNE ou pluralité des hypothèses	INFIRMATION DIRECTE DU PHÉNOMÈNE		REJET DE LA DOUBLE NÉGATION

Lorsque la chose est un corps visible, les assertions portant sur ses qualités sont vraies lorsqu'elles sont attestées par la perception, immédiatement, ou ultérieurement avec plus de précision. Le principe de bivalence s'applique aux évidences en la matière : ou la tour est ronde, ou elle n'est pas ronde, mais carrée si je l'observe de plus près.

Lorsque la chose est un corps invisible, caché parce que d'une taille inférieure au seuil de visibilité, ou trop lointain dans le cosmos, les assertions portant sur ses qualités, inférées à partir de signes visibles, sont vraies si elles ne sont pas infirmées par l'évidence des phénomènes. On ne peut se contenter d'appliquer le principe qui veut qu'une double négation vaille pour une affirmation : il ne suffit pas de dire qu'il est faux que le mouvement n'existe pas, et que le vide est nécessaire au mouvement, pour prouver l'existence du vide, encore faut-il que l'existence inférée du vide ne soit contredite par aucun phénomène évident.

Et si plusieurs hypothèses peuvent qualifier la chose cachée, ou lointaine, elles doivent toutes être retenues, en attendant qu'elles soient éventuellement infirmées par les phénomènes observés. Le principe du tiers-exclu n'est pas valide, car c'est l'observation future qui conclura.

Lorsque la chose est un événement passé, les assertions qui le décrivent, lorsqu'elles sont confirmées par les témoins ou les documents, sont vraies de toute éternité et de toute évidence. Le principe de bivalence s'applique comme un truisme.

Mais lorsque la chose porte sur un événement futur, le principe du tiers-exclu ne s'applique plus, car il est impossible de dire aujourd'hui ce qui se passera demain. Épicure applique la canonique, l'inférence par signes, au futur (le *prosménon*) comme à ce qui est non visible, car trop petit ou trop éloigné (l'*ádêlon*) : à l'évidence des signes, des faits, l'opinion ajoute une prévision qui devra être confirmée pour devenir vérité.[28]

Épicure fait le partage entre une logique qui dit le vrai de l'implication sémantique (*lógos*) des assertions, et une canonique qui dit le vrai de la causalité physique (*phúsis*) des phénomènes : il s'interdit d'hypostasier l'une dans le champ de l'autre, comme il fait le partage entre passé avéré et futur contingent.[29]

Prenons un exemple de disjonction portant sur des assertions futures contradictoires :

{ *ou bien, demain aura lieu la bataille navale de Salamine ;*
{ *ou bien, demain n'aura pas lieu la bataille navale de Salamine.*

Si Épicure admet bien que l'ensemble formé par les deux termes contradictoires (aujourd'hui, on dirait liés par un OU inclusif) est

---

28. Voir le chapitre suivant consacré à l'analyse de plusieurs commentaires savants sur les critères de vérité épicuriens.

29. De même qu'un événement se soit effectivement produit dans le passé ne dit rien sur ses effets actuels, de même, qu'un événement se produise effectivement dans le futur ne dit rien sur ses causes actuelles. Même si Cicéron fait dire à Carnéade que «si toute énonciation est vraie ou fausse, il ne s'ensuit pas immédiatement qu'il y ait des causes immuables et éternelles qui empêchent quelque chose d'arriver autrement qu'il ne doit arriver» (§27), il faut se garder de reconstituer le point de vue d'Épicure à partir des débats que Cicéron orchestre dans le *De Fato*. Celui-ci est, de toutes façons, plus intéressé à faire valoir les thèses de la nouvelle Académie, représentée ici par Carnéade, contre le stoïcisme de Chrysippe, pour conduire une «stoïcisation douce» de l'académisme, conforme à l'enseignement de son maître de formation à Athènes, Antiochus d'Ascalon, et conforme à un œcuménisme philosophique de la bonne société dans la République romaine finissante. Les Épicuriens y font office de rustres sur le dos desquels on se met aisément d'accord pour appliquer le bâton de la logique.

vrai, il refuse que chaque terme soit vrai (autrement dit, ils sont liés par un OU exclusif), ou plutôt il refuse qu'on puisse décider aujourd'hui qu'il est d'ores et déjà vrai ou faux pour demain.

Thémistocle, au soir du 21e jour de Boédromion, sous l'archontat d'Hypsichidès, peut penser à bon droit que le lendemain sera déclenchée la bataile de Salamine : c'est son opinion. Mais, aussi bien les Grecs auraient pu vraiment fuir vers Éleusis, ou bien les Perses, devinant la nasse où les Grecs les attiraient, reculer vers leur mouillage de Phalère ; et la bataile de Salamine n'avoir pas lieu ce jour-là.

Mais Épicure avance que les propositions sont l'une et l'autre indécidables : on ne peut rien en dire. C'est la thèse défendue par Tim O'Keefe[30]. Je traduis :

> Une assertion s portant sur le futur 1) est vraie au temps t si et seulement si, il se produit au temps t des conditions suffisantes pour que se réalise la situation décrite par s ; 2) est fausse au temps t si et seulement si, il se produit au temps t des conditions suffisantes pour empêcher la situation décrite par s ; et 3) n'est ni vraie ni fausse au temps t si et seulement si, il ne se produit pas au temps t des conditions suffisantes soit pour réaliser soit pour empêcher la situation décrite par s.

Si l'on voulait utiliser la formulation de nos logiques actuelles, on dirait que certaines propositions portant sur des événements futurs («demain aura lieu une bataille navale») sont actuellement indécidables ; elles n'ont pas de valeur de vérité binaire, ni 0, ni 1, elles ne sont ni vraies, ni fausses, au mieux peut-on tenter de leur attribuer une probabilité. Elles n'auront une valeur de vérité qu'une fois que se sera produit, ou non, l'événement qu'elles décrivent.

Il y a plusieurs raisons pour Épicure de refuser les conséquences fatalistes du principe du tiers-exclu pour l'*adêlon*, auquel les événements futurs s'apparentent :

a) première raison, dans le monde réel, il serait impossible de vivre avec cette croyance, car nous serions dans l'impossibilité d'agir (*apraxía*) de nous-mêmes (*par'hêmas*). Épicure dit :

> Ceux [les atomistes abdéritains] qui ont été les premiers à donner une théorie satisfaisante des choses (…) se sont aveuglés eux-mêmes justement quand il s'est agi de tenir la nécessité et le hasard pour causalement responsables de toutes choses. En fait, la thèse même que proposait cet enseignement s'est effondrée quand elle a laissé le grand homme [Démocrite] ne pas se rendre compte que, dans ses actions, il heurtait ses opinions ; que, sans un certain aveuglement sur ses opinions (...) il aurait été continuellement plongé dans le trouble.[31]

30. Dans son *Epicurus on Freedom*, p. 141-2.
31. Livre XXV du *Peri phuseôs*, *Les Épicuriens*, La Pléiade, p. 105.31. Livre XXV du *Peri phuseôs*, *Les Épicuriens*, La Pléiade, p. 105.

Épicure dit plutôt que les actes de la vie montrent à l'évidence que nous ne sommes pas soumis aux conséquences fatalistes du tiers-exclu, plutôt que, comme le fait dire Plutarque à Colotès[32], la vie serait invivable si elle était soumise au destin. Ce qu'Épicure a distingué, avec Aristote, c'est la confusion entre vérité logique, formelle, et vérité du monde réel, confusion commise constamment par les Stoïciens, les Académiciens de toutes époques, par Cicéron, Plutarque, Fénelon. Pour Diodore le Mégarite, « cela seul est possible, qui est vrai et le sera »[33]. C'est-à-dire que quelque chose qui ne s'est pas réalisé ou ne se réalisera pas est impossible. Si tel était le cas, alors il serait impossible de s'amender par l'usage de sa propre raison, ou s'amender les uns les autres en se blâmant ou se félicitant, ce qui, fait avec franchise, est la voie pour conduire le disciple vers l'ataraxie du sage.

b) deuxième raison, les événements soit sont dus au hasard, ils sont contingents ; soit sont nécessaires, ils sont déterminés par des causes explicables ; soit dépendent de nous, de notre *liberta voluntas*. Or, si les événements étaient tous nécessaires (ou vrais ou faux dans le futur), alors certains d'entre eux ne pourraient dépendre de nous. À l'évidence, nous observons que nous pouvons corriger le comportement des autres, en les blâmant ou en les félicitant, que nous pouvons contrôler notre propre comportement par la raison pratique. Ainsi, l'évidence montre que tous les événements futurs ne sont pas nécessaires, et donc que le principe du tiers-exclu n'est pas absolument vrai. Grâce au *clinamen*, le futur contingent est préservé : certains événements futurs se produiront par hasard, ou, dit de manière moins ambiguë, sont contingents.

Ce point de vue d'Épicure est profondément matérialiste, parce qu'il refuse que le déterminisme logique soit indépendant de la causalité physique[34], ce qui garantit les futurs contingents. Il n'y a ni providence, ni téléologie dans la nature. La méthode de conduite de la raison doit toujours rester compatible avec l'observation évi-

32. « Quiconque s'en remettrait au discours [de Démocrite] et le mettrait en pratique ne pourrait pas même se concevoir lui-même comme un gomme ou comme étant envie ». Plutarque, *Contre Colotès*, 1110 E-F.
33. *Cf.* Alexandre d'Aphrodise, *Premiers Analytiques*, Schol. 163.
34. M. Conche, ouv. cit. p. 162 : « Toute causalité intentionnelle et finalisée renverse le rapport des choses, se donne l'effet avant la cause et n'explique rien. [...] La nature ne peut se précéder – s'anticiper – elle-même, comme si le temps n'était pas essentiel. Elle est, en un mot créatrice. Il n'appartient qu'à elle de concevoir, au sens d'enfanter. Les conceptions de l'esprit ne viennent qu'après et n'ajoutent rien à l'être, mais simplement le reflètent. Et comme tout le possible est déjà quelque part réalisé, il n'y a pas de pensée du possible qui ne soit une pensée du réel».

dente des phénomènes. Donner un sens, une direction, une orien-
tation, un dessein, aux phénomènes de la nature, c'est projeter sur
des événements qui n'en ont pas une valeur ontologique, c'est
commettre le péché d'hypostase, faire du déroulement des faits, la
contingence observée, une idée autonome, qui a une existence en
dehors de la matière qui l'a formée, c'est faire, de ce qui n'est
qu'une idée, un fait ou une chose. C'est faire de la fortune, une
déesse, la *Tukhê*.

À cet égard, il ne faut sans doute pas concevoir chez Épicure les
atomes comme des corps observés d'expérience, comme chez Démocrite, mais comme des «entités conceptuelles», qui permettent
d'ordonner et d'expliquer le caché, l'invisible par une analogie me-
née à partir d'un phénomène d'évidence, par exemple le mouvement des poussières observé dans la pénombre éclairée par un
rayon de soleil.

Dans le domaine de la cosmologie, qui traite de la génération
des mondes, la conséquence de la déviation des atomes est tout
aussi radicale. Le cosmos n'est pas créé par un démiurge platonicien, au dessein si intelligent qu'il a de toute éternité déterminé le
destin des hommes, puisque les mondes –car pour Épicure ils sont
innombrables– sont le produit de la rencontre des atomes, suite à
leur déviation naturelle, déviation qui peut se déclencher à un moment indéterminé, et en un lieu indéterminé.[35] La cosmologie
d'Épicure peut être conçue comme un matérialisme de la rencontre
aléatoire. Cette philosophie du monde n'est pas que rhétorique, ni
sans risque, puisqu'elle mènera Giordano Bruno sur le bûcher de
l'Inquisition, en 1600, et peut-être Louis Althusser, à la tragédie philosophique.

Pour conclure, en posant le *clinamen* dans les trois domaines
considérés, on pourrait dire qu'Épicure estime que la possibilité du
développement psychique et l'autonomie de l'esprit chez le sujet
n'excluent nullement les implications physiques du matérialisme
sur l'agent[36]. La doctrine du *clinamen* affirme la volonté d'Épicure
d'opposer au déterminisme fataliste une forme de déterminisme
contingent, qui, une fois déclenché par la rencontre aléatoire des
atomes, s'inscrit à l'intérieur des bornes de la nature : les limites
des désirs, la limitation des faits observables, les valeurs limites de
vérités avérées.

---

35. Lucrèce dit : «*nec tempore certo nec regione loci certa*». Il dit aussi : «La nature
accomplit tout d'elle-même spontanément, sans aucun secours divin» (*DRN*, II,
1092)
36. *Cf.* les pages 31 et suivantes de l'*Épicure*, de Pierre-Marie MOREL, Vrin, Paris, 2009.

Julie Giovacchini fait observer[1] qu'à la question de la philosophie à la période classique, à laquelle appartiennent encore Platon et Aristote, « qu'est-ce que la connaissance ? », les écoles philosophiques de la période hellénistique vont subsituter la question « y a-t-il une connaissance ? », autrement dit quel est le critère qui garantit, dans un système philosophique, la véracité de son savoir. Toutes les écoles dogmatiques (celles qui affirment que la vérité est atteignable, qui ne sont pas sceptiques) tentent de poser un critère infaillible du vrai et du bien.

Outre les passages de la *Lettre à Hérodote* qui les évoquent, les critères de vérité épicuriens, son *Canon*, sont attestés par deux résumés d'auteurs tardifs : Sextus Empiricus et Diogène Laërce, près de cinq siècles après Épicure. Nous donnons en appendice le texte translittéré de Sextus, puis des traductions actuelles ; et celui de Diogène Laërce dans la traduction de Pierre-Marie Morel.

Nous proposons dans ce chapitre, pour poursuivre l'étude de la logique à l'œuvre dans la déviation d'Épicure, d'analyser les interprétations du canon épicurien données par des critiques du XXe siècle, Jules Vuillemin et Marcel Conche, et des auteurs du XXIe, Pierre-Marie Morel et Julie Giovacchini.

---

1. Julie GIOVACCHINI, *L'Emprisime d'Épicure*, Classiques Garnier, Paris, 2012, p. 18.

L'interprétation de Jules Vuillemin

En 1984, Jules Vuillemin, dans une étude consacrée à l'aporie de Diodore Cronos[2], l'argument dominateur[3], au début du chapitre 7 où il traite de l'intuitionnisme qu'il attribue à Épicure, analyse les « critères épicuriens».

On observe que Vuillemin appuie son propos sur des traductions ou des commentaires d'Épicure de deuxième main : par exemple, il cite Sextus Empiricus dans la traduction de Geneviève Rodis-Lewis (1975), Diogène Laërce et la *Lettre à Hérodote* dans le commentaire de Bailey, qui date de 1926 ou de D. Furley (1967), les *Maximes Capitales* dans l'analyse de V. Goldschmidt (1977).

On peut résumer la présentation de Vuillemin sous la forme d'un tableau :

	1. VRAI	2. FAUX	9. CANON
3. OPINIONS ANTICIPATIONS PERCEPTIVES	5. CONFIRMATION	6. NON CONFIRMATION	10. EMPIRISME
4. ÉNONCÉS THÉORIQUES SUR L'ADÊLON	7. NON-INFIRMATION	8. INFIRMATION	11. INTUITIONNISME

2. Jules Vuillemin, *Nécessité ou contingence, l'aporie de Diodore et les systèmes philosophiques*, Paris, Éditions de Minuit, 1984, 446 p.
3. L'argument dominateur (*kurieuôn lógos*) consiste à démontrer l'incompatibilité des trois assertions : 1° toute proposition vraie concernant le passé est nécessaire ; 2° l'impossible ne suit pas logiquement du possible ; 3° il existe quelque chose de possible qui n'est ni ne sera vrai.

Notre commentaire suit la numérotation des cellules du tableau.

1. et 2. Dans le système qu'il attribue à Épicure, Vuillemin ne retient que deux valeurs de vérité, le vrai (1) et le faux (0), en réduisant une éventuelle valeur intermédiaire ($\frac{1}{2}$) au faux (0).

   Vuillemin distingue tout d'abord :

3. Les opinions consistant dans des anticipations perceptives.

4. Un énoncé d'observation est vrai s'il est confirmé, c'est-à-dire s'il est 'vérifiable que oui'.

5. Il suffit, pour qu'il soit faux, qu'il soit non confirmé, c'est-à-dire 'vérifiable que non'. Quand je constate que la tour n'est pas carrée, l'opinion que je m'étais faite : « la tour est carrée » est fausse. La non-confirmation vaut une infirmation.

   Ensuite, Vuillemin aborde :

6. Les énoncés théoriques, les projections de l'esprit (*epibolê tês dianoías*), concernant des choses sensibles, mais inaccessibles (les météores ou le *prosménon*) ou invisibles (*ádêlon*), les hypothèses, pour lesquelles il ne peut y avoir ni confirmation ni confirmabilité directes.

7. Le vrai se réduit à la non-infirmation.

8. Le faux, qui est l'infirmation de l'hypothèse, est rendu possible par les conséquences des phénomènes qu'on peut lui attacher.

9. L'outil qui permet d'attribuer un critère de vérité est, étymologiquement, le canon. C'est la méthode du savoir.

10. S'agissant des anticipations perceptives, vrai signifie 'vérifiable que oui' et faux 'vérifiable que non', c'est-à-dire confirmé et infirmé : ce sont les canons de l'empirisme. Car seuls les phénomènes sont propres à fournir un critère.

11. S'agissant des hypothèses théoriques, elles peuvent être infirmées, quoiqu'elles ne puissent jamais être confirmées.

> Toute hypothèse est vérifiée ou infirmée par les phénomènes qui en découlent. La vérification d'une hypothèse est asymétrique avec son infirmation, en ce qu'elle se limite à une non-infirmation, qui, en toute rigueur, étant donné l'invalidité du tiers-exclu, n'est pas absolument positive et qui, en tous cas, n'autorise nullement à conclure à la vérité au sens dogmatique de l'adéquation avec l'objet.

Nous ne sommes nullement tenus de choisir entre des hypothèses incompatibles propres à expliquer un même phénomène naturel. Ce sont les canons de l'intuitionnisme, car défendre la pluralité des hypothèses, c'est défendre la pluralité des causes.

C'est l'expérience, ce n'est jamais l'organisation logique des propositions qui permet de choisir entre les hypothèses. Les raisonnements logiques sont vides lorsqu'ils assignent aux êtres des essences telles que l'immatérialité, l'éternité, la nécessité en découleraient logiquement.

En conclusion, Vuillemin retient que :

C'est sa non-infirmation, c'est-à-dire la confirmation de ses conséquences expérimentales qui nous assure de la vérité de l'atomisme. Ce n'est pas le seul fait que l'hypothèse contraire soit fausse. C'est pourquoi tiers-exclu et loi de la double négation sont en eux-mêmes impuissants à déterminer la vérité d'une hypothèse, quelle qu'elle soit. Mais considérons des futurs. Comment dire qu'une prophétie qui les touche soit vraie ou fausse, si la divination, comme l'avait déjà démontré Démocrite, est ridicule ? Comme aucune confirmation ou infirmation ne peut être attendue avant l'événement même, on ne saurait donc appliquer le tiers au futur.

La leçon de Marcel Conche

Trois ans à peine après l'essai de J. Vuillemin, Marcel Conche fait paraître, en 1987, son édition des textes d'Épicure, sa traduction et son commentaire[4]. S'il n'ignore évidemment pas les travaux de Bailey et Rodis-Lewis, il connaît tous les autres, et notamment ceux plus récents consacrés à Philodème de Gadara. Dans son introduction il récapitule l'enseignement de première main qu'il tire des textes de Diogène Laërce et de Sextus Empiricus, traitant des critères de la vérité, par le tableau suivant :

	0. OPINION		
	1. VRAIE	2. FAUSSE	9. LOGIQUE
3. SUR UNE PERCEPTION QUI ATTEND	5. CONFIRMATION	6. NON CONFIRMATION	10. PRINCIPE DE BIVALENCE
4. SUR L'IMPERCEPTIBLE	7. NON-INFRMATION	8. INFIRMATION	11. APODICTIQUE ET DISJONCTIVE

4. Marcel CONCHE, *Épicure, Lettres et Maximes*, PUF, 1987, pp. 25-39.

Notre commentaire suit, là aussi, la numérotation des cellules du tableau.

0. «Les critères de vérité pour Épicure, selon Diogène Laërce, sont les sensations (*aisthéeis*), les anticipations (*prolḗpseis*) et les affections (*páthê*). Les Épicuriens y ajoutent les appréhensions immédiates de la pensée (*phantastikaì epibolaì tês dianoías*)»[5]. La sensation est toujours vraie. Elle permet de dire *que* la chose *est*. Aucune sensation n'est plus évidente qu'une autre. Ce que la pensée, la raison, ajoute à la sensation, c'est l'opinion, par anticipation, analogie, ressemblance ou combinaison. L'anticipation dit *ce que* la chose est.

1. et 2. Mais l'opinion peut être vraie ou fausse. Nous formons une opinion :

3. Au sujet de ce qui n'est pas présentement perçu, mais peut l'être, qui est en «attente» de perception, (*tò prosménon*).

4. Nous formons aussi des opinions au sujet de ce qui n'est pas visible (*tò adêlon*), plus exactement de l'im-perceptible, ce qui ne tombe pas sous le sens, soit par nature (le vide) ; soit qu'il soit inférieur au seuil de perception (les atomes) ; soit qu'il soit inaccessible (dans les régions célestes ou infernales).

5. Si l'opiné à propos du *prosménon*, formé d'après certains indices, est, à l'évidence, tel qu'il est dit être, alors l'opinion a reçu confirmation (*epimartúrêsis*) : elle est vraie.

6. Si l'opiné à propos du *prosménon* est en contradiction avec l'évidence constatée *de visu* ou *de tactu*, il y a non-confirmation (*ouk epimartúrêsis*), et l'opiné ne peut être vrai, donc il est faux.

7. Premier cas : l'hypothèse concernant les choses cachées, imperceptibles, quand elle concerne la nature des choses, est vraie lorsqu'il y a non-infirmation avec infirmation de l'hypothèse contradictoire. Par exemple, «le vide existe» est une hypothèse qui est établie grâce à l'infirmation, par le phénomène évident du mouvement, de l'opinion contradictoire («le vide n'existe pas»). Deuxième cas : l'hypothèse concernant les choses cachées, non-atteignables, quand elle concerne les phénomènes célestes ou souterrains, est vraie lorsqu'il y a non-infirmation sans infirmation de l'hypothèse contradictoire. Par exemple, les éclipses peuvent être dues à une extinction passagère de l'astre. Rien dans les phénomènes n'y contredit.

5. DL, x, 31.

8. L'hypothèse est fausse, lorsqu'un lien de conséquence (*akolouthía*) établi entre l'invisible et le phénomène infirme l'hypothèse. Si le vide n'est pas, le mouvement n'est pas. Or le mouvement est évident, donc, par infirmation, l'opinion « le vide n'est pas » est fausse.

9. La méthode du savoir épicurien repose, qu'il s'agisse de ce qui est perçu, en attente, ou im-perceptible, caché, sur l'inférence (*sêmeíôsis*) à partir de signes émis par les phénomènes évidents. Il s'agit d' « inférer à partir de signes au sujet de ce qui attend confirmation et de l'invisible » (Hér., 38.).

> « C'est une méthode empirico-rationnelle, parfaitement cohérente, mais, du reste, ni scientifique au sens moderne, ni dialectique.[...] Car elle est exclusive de toute mathématisation : tous les concepts scientifiques (et en particulier les minima) doivent être entendus au sens physique, non mathématique, les entités mathématiques étant sans vérité. » [...] « Elle n'est pas dialectique, car il n'y a pas de dialogue entre l'expérience et ce qui est posé pour rendre compte de l'expérience. Le modèle atomistique de l'univers est vrai de façon absolue et immuable : l'expérience ne saurait le mettre un jour en question, nous obliger à concevoir autrement l'atome, à lui accorder d'autres propriétés ».

10. L'opinion à propos du *prosménon* est non-confirmée lorsque sa contradictoire est confirmée. Le principe de bivalence s'applique, l'opiné ne pouvant être vrai, donc il est faux. La non-confirmation ne concerne que l'opinion formée à partir du fait, mais non le fait lui-même.

> « L'opinion dit ce qui est, non ce qui sera. Les propositions concernant les futurs contingents ne [tombent pas sous le coup du principe de bivalence], où l'opinion est supposée être ou vraie ou fausse, car aussi longtemps que l'événement n'a pas eu lieu et n'est pas réel, elles ne sont encore, selon les Épicuriens comme selon Aristote, ni vraies ni fausses ».

11. Dans le cas de la non-infirmation avec infirmation de l'explication contradictoire, la cause du phénomène (vide cause du mouvement, atome élément ultime de la matière, tout infini, nombre des atomes de chaque forme infini, etc.) avec lequel elle s'accorde, est unique ; c'est la seule possible, donc elle est nécessaire. La méthode du savoir est apodictique (*modus tollens*) : par le raisonnement elle prouve l'hypothèse par la réfutation des hypothèses alternatives. Dans le cas de la non-infirmation sans infirmation de l'explication contradictoire, on sait seulement que le phénomène s'explique par une hypothèse entre plusieurs sans que l'on puisse savoir laquelle. Il s'agit d'un savoir négatif. La méthode du savoir est disjonctive (*modus tollendo ponens*) :

«Pour atteindre l'ataraxie, il n'est pas nécessaire de savoir, *positivement*, de quelle manière ces phénomènes se produisent : il suffit de savoir, *négativement*, de quelle manière ils ne se produisent *pas* (par l'intervention des dieux).»

L'analyse de Pierre-Marie Morel

En 2009, Pierre-Marie Morel renouvelle[6] en profondeur l'analyse de l'épistémologie épicurienne, qui, pour lui, est un empirisime rationnel. Au centre, la préconception, qui est critère de vérité, fait le lien entre la sensation, qui est évidence première, et les constructions rationnelles complexes. C'est la raison qui connaît les causes et la nature des choses cachées. La présentation de Morel peut se schématiser ainsi :

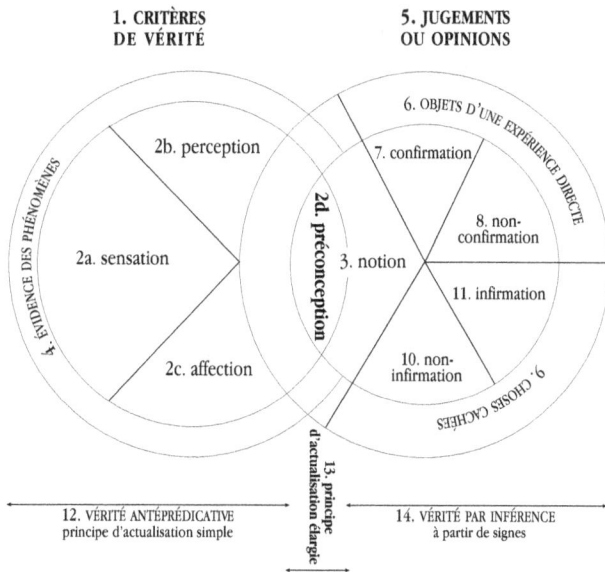

1. CRITÈRES
DE VÉRITÉ

5. JUGEMENTS
OU OPINIONS

4. ÉVIDENCE DES PHÉNOMÈNES

2b. perception

2a. sensation

2c. affection

2d. préconception

3. notion

6. OBJETS D'UNE EXPÉRIENCE DIRECTE

7. confirmation

8. non-confirmation

11. infirmation

10. non-infirmation

9. CHOSES CACHÉES

13. principe d'actualisation élargie

12. VÉRITÉ ANTÉPRÉDICATIVE
principe d'actualisation simple

14. VÉRITÉ PAR INFÉRENCE
à partir de signes

6. PIERRE-MARIE MOREL, *Épicure*, Vrin, 2009, pp. 137-159.

Reprenons l'analyse point par point.

1. La vérité est établie – elle peut donc l'être, *dóxa* qui récuse le
    scepticisme – par la sensation, qui n'a pas besoin, pour être
    garantie, d'un jugement, qui en serait le critère.

2. La sensation (*aísthêsis*), toujours vraie, est visée par l'*epibolê*,
    qui est immédiate, distincte de l'opinion ou du jugement.

    > La sensation contient à la fois la réceptivité physique qui la rend vraie,
    > parce que conforme au réel, et l'acte d'attention infaillible, sans lequel elle
    > ne saurait être indicative du vrai.

    La sensation manifeste sa propre véracité, et laisse à la raison le
    soin d'en faire usage. La sensation n'est pas seulement non
    fausse : elle est la première manifestation positive du vrai.

2b. La sensation est le premier critère de vérité, mais elle n'est pas
    le seul. La perception (*kátalêpsis*) « à chaque instant est vraie »[7]
    (Lucrèce)

2c. L'affection (*páthos*) révèle le plaisir et la douleur.

2d. La préconception (*prólêpsis*) est aussi un critère de vérité. Elle
    assure le passage de la sensation à la conception (ou pensée
    supplémentaire, *epínoia*). Elle constitue le matériau de base
    des autres notions :

    > < les épicuriens > disent que la préconception est comme une perception
    > (*kátalêpsis*) ou un opinion droite ou une notion (*énnoia*) ou une pensée
    > générale gardée en réserve (*katholikê nóêsis enapokeiménê*), c'est-à-dire un
    > souvenir de ce qui s'est souvent manifesté à nous du dehors.[8]

    La préconception est si étroitement associée à la sensation qu'elle
    ne constitue pas une classe supplémentaire dans la sphère des
    critères de vérité. Elle permet, par attention dynamique – acte
    positif (*epibolê tễs dianoías*) qui se distingue de la réception
    passive – vers une représentation, de tenir la vérité et l'évi-
    dence de celle-ci par elle-même.

3. Les conceptions (*epínoiai*) dérivent toutes des sensations.

4. L'évidence est certitude, elle ne requiert pas de preuve. Cette «
    manière première » dont nous connaissons le vrai est natu-
    relle. La nature se manifeste lorsque nous examinons la raison
    des choses.

5. Ajoutant à la sensation, nous formons une opinion, ou nous
    portons un jugement : le *prosdoxazoménon*.

---

7. *DNR*, IV, 499.
8. DL, X, 33.

6. Nos jugements ou opinions peuvent être relatifs à ce qui peut faire l'objet d'une expérience sensible directe (*tó prosménon*).

7. Leur vérité est établie par attestation directe ou confirmation (*epimartúrêsis*).

8. Leur fausseté est établie par non confirmation (*ouk epimartúrêsis*).

9. Nos jugements et opinions peuvent se rapporter aux choses cachées (*tó adêlon*). Un lien de conséquence (*akolouthía*) doit être établi, par inférence, entre le non manifeste et l'évidence sensible des phénomènes.

10. Leur vérité est établie par non-infirmation (*ouk antimartúrêsis*). Si l'inférence n'infirme pas l'hypothèse contraire, le recours aux explications multiples est justifié. Refuser les explications multiples est

    l'attitude d'un devin plutôt que d'un homme sage. Il est cependant correct de dire que toutes les [explications] sont envisageables, mais que celle-ci est plus plausible que celle-là.[9]

11. Leur fausseté est établie par infirmation (*antimartú-rêsis*).

12. Les sensations jouissent d'une validité immédiate, inouïe et antéprédicative. Elles se contentent de

    saisir ce qui est présent (*tó parón*) et qui la meut, comme par exemple la couleur, mais elle ne juge pas que son objet est tel ici et autre là.[10]

Cette épistémologie repose sur un « principe d'actualité ».

13. La méthodologie épicurienne réside dans l'explication du passage des sensations aux conceptions selon différents modes d'inférence :

    Toutes les conceptions viennent des sensations, par incidence (ou par rencontre directe [*periptôsis*]), par analogie, par similarité ou par synthèse de propriétés ; le raisonnement lui aussi y contribue en quelque manière.[11]

La préconception (*prólêpsis*), concept central pour P.-M. Morel, articule l'immédiateté de l'évidence et la médiation rationnelle de la méthode. L'évidence de la préconception est attestée : a) par la spontanéité avec laquelle elle apparaît dès que le mot associé est prononcé ; b) par l'antériorité des sensations qui, par accumulation, l'ont formée dans la mémoire.

En même temps que le mot « homme » est prononcé, on en conçoit aussitôt le schéma, par préconception, parce que les sensations ont précédé. Ainsi,

---

9. Diogène d'Œnoanda, fgt 13, col. 2-3 Smith.
10. Sextus Empiricus, *Contre les Savants*, VII, 210.
11. DL, X, 32.

pour chaque nom, ce qui est supposé en premier lieu est évident.[12]

L'épistémologie réside alors sur un « principe d'actualité élargi ». C'est en situation, au moment où lui sont rapportés les jugements et les opinions, que la *prólêpsis* joue son rôle de critère de vérité, en revenant à tout moment à l'évidence première des connaissances élémentaires, caractéristique d'un empirisme rigoureux.

14. Pour pouvoir attester la vérité d'une assertion sur la nature des choses, il faut établir un lien entre le visible et l'invisible, entre les phénomènes et les choses non manifestes. La nécessité et la preuve ne se trouvent pas dans la relation entre les termes (ce qui est le propre d'une logique), mais dans le critère de l'*enárgeía*, qui se fonde sur la théorie des facultés mentales ; il relève de la physique, de l'atomistique. Cette méthode de découverte du non évident par le moyen des faits perceptibles évidents est « l'inférence à partir de signes » (*sêmeíôsis*) telle qu'on la trouve chez Philodème de Gadara. C'est la ressemblance (*homoiótês*) entre les différents éléments pris en compte dans l'inférence qui permet, par analogie de conclure au vrai ou au faux.

Il faut s'assurer de toutes choses en s'en remettant aux sensations et, d'une manière générale, aux appréhensions du moment (*tàs paroúsas epibolàs*) – qu'elles soient le fait de la pensée ou de n'importe quel autre critère – et semblablement aux affections présentes, de sorte que nous soyons en mesure d'inférer à partir de signes (*sêmeiôsómetha*), aussi bien ce qui attend d'être confirmé (*tó prosménon*) que le non manifeste (*tó adêlon*).[13]

12. *Ibid.*, 33.
13. *Hrdt.*, 37-38.

Les études de Julie Giovacchini

Dans l'étude[14] au cours de laquelle elle confronte l'empirisme épicurien à l'empirisme médical antique, Julie Giovacchini consacre deux chapitres au canon et à la sémiologie d'Épicure.

Elle rappelle que la détermination des critères de vérité est une problématique développée à la période hellénistique pour établir qu'une connaissance est possible et fondée. Le critère sert à connaître l'évident, tandis que les signes, ou les démonstrations, servent à établir la vérité du non-évident en la déduisant par inférence.

Pour les écoles hellénistiques dogmatiques (*i. e.* qui posent que la vérité peut être connue), la vérité est une relation de l'individu au monde qui peut être : soit immédiate, utilisant des critères du premier degré, ceux qui – suivant les définitions de Sextus Empiricus[15] – renvoient aux facultés cognitives (raison, sens, mémoire, etc.) ; soit médiate, utilisant des critères du second degré, ceux qui renvoient à ce qui est produit par lesdites facultés (notions, concepts, artefacts, ou impressions cognitives). Établir un critère revient à déterminer dans l'expérience du monde ce qui peut être retenu et ce qui doit être rejeté.

Pour les Épicuriens, cette expérience est vécue « comme un instant zéro, qui ne doit pas solliciter le raisonnement mais demeurer réception pure – horizontalité parfaite, niveau d'équivalence absolue entre le sensible et le sentant. »[16]

Élargissant le champ de son étude, Julie Giovacchini pose que l'épistémologie épicurienne est une inférence par signe (*sêmeíôsis*), dont le mouvement de base est l'anticipation, actionnée par la mémoire, une fonction du raisonnement. Un autre mouvement, complémentaire, est l'épilogisme (*epilogismos*) : qui est le raisonnement précisément porté par inférence à partir des phénomènes, purement appuyé sur l'expérience, c'est-à-dire évalué à partir du sensible.

L'inférence par signe se décompose ainsi : épilogisme (l'observation qui fournit la matière première) → analogie (induction qui peut être trompeuse ou correcte) → conclusion (généralisation qui réfute ou valide l'opinion).

---

14. *Ouv. cit.*, pp. 17-40 et 97-127.
15. *Esquisses Pyrrhoniennes*, liv. II, 3.
16. *Ouv. cit.*, p. 21.

L'analogie est trompeuse lorsqu'elle confond la réalité du substrat avec celle du prédicat, lorsqu'elle hypostasie le prédicat et le transforme en substrat. Elle est correcte lorsqu'elle met en rapport ou juxtapose la qualité d'un événement, d'un phénomène avec d'autres jugements semblables ou dissemblables.

L'épilogisme et l'analogie s'appliquent successivement aux opinions émanant du champ de l'expérience pratique (*pragmatikê*) ou de l'expérience théorique (*theorétikê*) pour les réfuter par *epimartúrêsis* (pour le *pragmatikê*) ou par *antimartúrêsis* (pour le *theoretikê*).

Mais le raisonnement n'est jamais séparé des préoccupations éthiques. L'épilogisme permet d'évaluer correctement les limites assignées[17] aux biens et aux maux :

> L'épilogisme se pratique sur ce qui fait partie de l'évidence – c'est-à-dire sur du sensible –, et utilise cette évidence comme pierre de touche d'un contenu doctrinal. L'inférence procède en quelque sorte du concret à l'abstrait ; abstrait du sentiment de bon et de mauvais ramené au concret du plaisir et de la peine.

La double page suivante propose une présentation schématique des travaux de Julie Giovacchini.

La sensation (*aísthêsis*) est le premier critère du vrai[18], car, elle s'approprie la structure atomique, matérielle, des corps composés par absorption ❶ des simulacres qui émanent d'eux. Il est ainsi établie, sur le plan ontologique, une «relation directe entre le corps perçu et le corps de l'être percevant».[19] La sensation est, de ce fait, comme le dit Diogène Laërce, «sans raison» et «sans mémoire». La sensation est aussi premier critère sur le plan axiologique, sur le plan de sa valeur dans la théorie : «retirer la vérité aux sensations, c'est se refuser l'accès à toute espèce de vérité».

S'appuyant sur Sextus Empiricus[20], Julie Giovacchini définit l'évidence ❾(*enárgeia*) comme l'identité du critère et de la sensation qui s'impose à l'esprit qui la reçoit et manifeste sa vérité en la vérifiant par attestation ou contestation, et leurs contraires. Cette

17. «Il faut inférer empiriquement sur la fin qui nous est proposée, ainsi que sur l'évidence à laquelle nous confrontons nos opinions ; sinon, nous serons en toutes choses livrés à l'indécision et au trouble.», *Max. Cap.* XXII.
18. Elle est placée en tête de la liste donnée par Diogène Laërce (X, 31) : « Dans le *Canon*, donc, Épicure dit que les critères de la vérité sont les sensations et prénotions et les affections. Mais les Épicuriens [citent] aussi les projections représentatives de la pensée. »
19. *Ouv. cit.*, p. 23.
20. *Contre les Mathématiciens*, VII, 211-216, dont sa traduction est donnée ici p. 156.

adhésion spontanée est immédiate. Le mode critériologique est direct dans toute l'aire des critères esthétiques, ceux qui reposent sur la sensation (*aísthêsis*).

> Toute tentative de limiter ou de contrarier cet usage critériologique de la sensation, implique donc de revenir sur ce qu'est l'évidence, et de critiquer la liaison essentielle établie par les épicuriens entre évidence et sensation, en remettant en question la possibilité d'une transition facile entre la nature, ❿ lieu de l'expérience, et le *logos*, lieu de la vérité.[21]

Dans ce mode direct, la sensation, premier critère, prend la forme pathétique à travers les affections (*páthê*), ou la forme purement esthétique à travers les perceptions (*kátalêpseis*). Ce n'est ensuite que, par dérivation dans un mode indirect, on passera à la prénotion (*prólêpsis*), mode qui passe par les appréhensions issues des perceptions.

Les appréhensions (*epibolaí* est le terme qui les désigne, mais qui désigne aussi une notion proche, celle des projections imaginatives) sont de deux natures : ❸les appréhensions de nature sensorielle, et les appréhensions de nature intellectuelle (*epibolaí tês dianoías*). On passe des perceptions aux appréhensions soit par synthèse d'une sensation pure, soit par synthèse d'un simulacre mental sans substrat empirique.

Lorsque l'appréhension est de nature sensorielle, par focalisation de l'attention❹, elle génère la prénotion. Les prénotions anticipent sur les notions. Lorsque l'appréhension est de nature imaginative, par focalisation aussi, elle génère une projection de la pensée. Les projections anticipent ❺sur les concepts. Si un mouvement de l'esprit se surajoute, en parallèle, aux prénotions et aux projections, pour former une opinion ❸bis, l'erreur peut se produire. Si l'opinion confrontée à l'évidence est contestée, elle est fausse ; si elle est attestée par l'évidence, l'opinion est réputée vraie[22].

La prénotion est une sédimentation de perceptions passées qui se prolonge, par anticipation, en une notion.

> La prénotion épicurienne associe, à une fonction de généralisation schématique des impressions dans le but d'en constituer une sorte de notion (image, « type » ou « esquisse »), une fonction proprement linguistique de reformulation des données empiriques ainsi synthétisées.[23]

> Dans le mécanisme de la prénotion, la fonction intellectuelle la plus importante n'est pas le *logismos* – faculté de synthèse – mais la mémoire qui sous-

---

21. *Ouv. cit.*, p. 25.
22. Sextus Empiricus, *Contre les Logiciens*, VII, 216.
23. *Ouv. cit.*, p. 32.

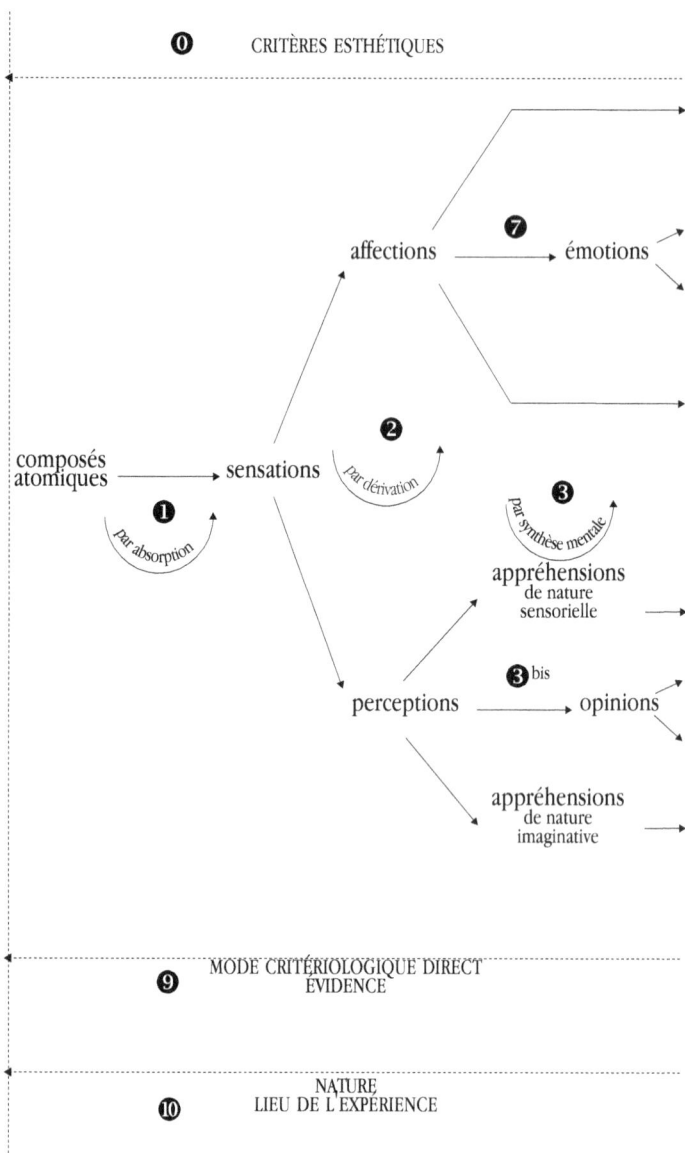

❶ CRITÈRES ESTHÉTIQUES

affections → **❼** émotions

❷ par dérivation

composés atomiques → sensations

❶ par absorption

❸ par synthèse mentale

appréhensions de nature sensorielle

perceptions → **❸** bis opinions

appréhensions de nature imaginative

❾ MODE CRITÉRIOLOGIQUE DIRECT ÉVIDENCE

❿ NATURE LIEU DE L'EXPÉRIENCE

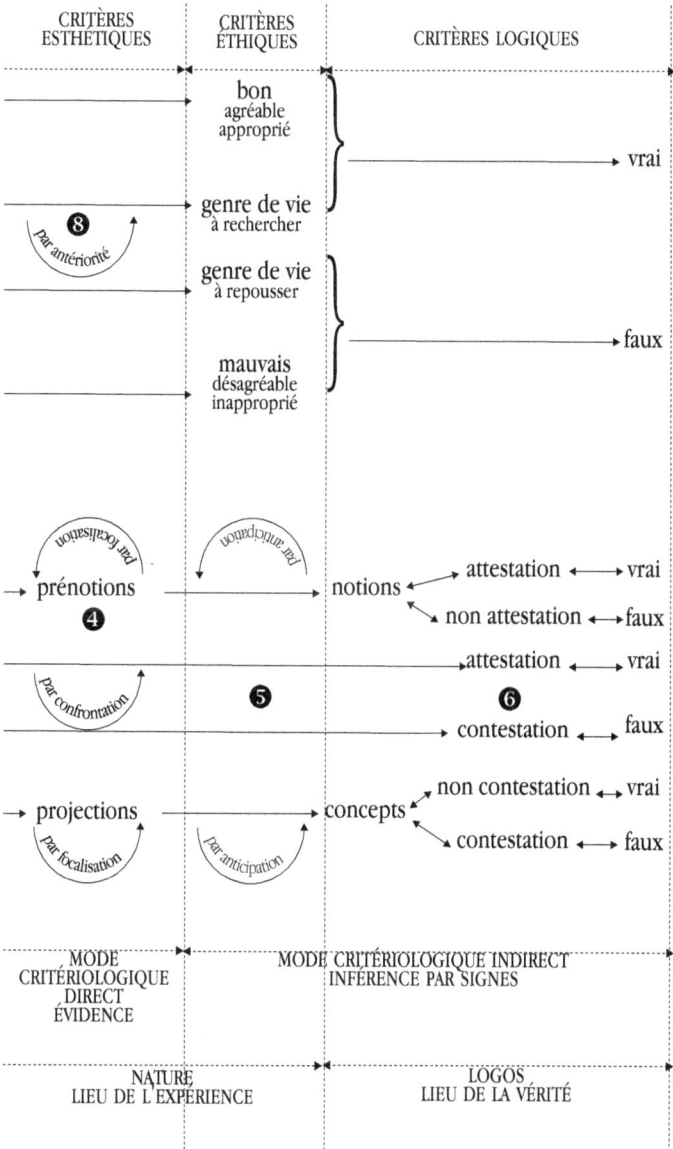

CRITÈRES ESTHÉTIQUES	CRITÈRES ÉTHIQUES	CRITÈRES LOGIQUES

bon
agréable
approprié

genre de vie
à rechercher

} vrai

genre de vie
à repousser

mauvais
désagréable
inapproprié

} faux

❽ Par antériorité

Par localisation

Par anticipation

→ prénotions **❹** → notions → attestation ←→ vrai
→ non attestation ←→ faux

Par confrontation **❺** **❻** attestation ←→ vrai

contestation ←→ faux

→ projections → concepts → non contestation ←→ vrai

Par focalisation Par anticipation contestation ←→ faux

MODE CRITÉRIOLOGIQUE DIRECT ÉVIDENCE | MODE CRITÉRIOLOGIQUE INDIRECT INFÉRENCE PAR SIGNES

NATURE LIEU DE L'EXPÉRIENCE | LOGOS LIEU DE LA VÉRITÉ

tend ce *logismos* et lui donne une matière sur quoi travailler.[24]

Elle est capable de « re-sensibiliser » l'idée. Elle est une fonction critériologique, qui a valeur de détermination du vrai et du faux. Elle rend possible l'association de la notion et de la chose.[25] La prolepse est critère, car elle est prolongation dans le temps de la sensation, premier critère.

Les affections (*páthê*) ❼ sont critères de vérité sur le plan « esthétique » (*i. e.* qui ressort immédiatement aux sensations) au même titre que les perceptions. Mais leur inférence sur le plan éthique, qui nous fait choisir à partir de l'agréable ou de l'approprié à notre nature, le bon – ou nous fait rejeter à partir du désagréable ou de l'inapproprié, le mauvais – nous informe, au plan logique, sur les notions de vrai et de faux.[26]

Les normes éthiques bénéficient d'une antériorité ❽ chronologique par rapport aux critères logiques : par exemple, les enfants savent spontanément que le plaisir est préférable à la douleur. Ainsi les émotions, telle que la colère[27], « qui sont reliées aux affections, contiennent une part irrésorbable de vérité ». Il s'agit, comme dans le cas des opinions, de trier entre ce qui est à retenir dans un genre de vie à rechercher (qui est la vertu), de ce qui est à éviter dans un genre de vie à repousser (qui est le vice).

Par anticipation, on passe des prénotions, et des projections imaginatives de la pensée, aux notions, et aux concepts. Leur validité est éprouvée par analogie ou similarité (*homoiótês*) entre phénomènes : l'inférence par signe (*sêmeíôsis*) ❻, qui n'est garantie que dans la mesure où les lois de la nature (les *fœdera naturalia* de Lucrèce) ne changent pas, où s'exerce une causalité régulière à des moments différents, en des lieux différents, en des parties différentes et dans le tout. Ces lois de la nature sont l'effet de la structure atomiste universelle.

L'inférence par signe épicurienne est une mise en présence de réalités phénoménales « par laquelle on va susciter au moyen d'une

---

24. *Ouv. cit.*, p. 35.
25. « La cause de cela, c'est le ressouvenir (*tễn anámnêsin*) de l'anticipation vécue (*tễs propatheías*) » Damascius, *In Platonis Phaedonem*, 285, 7.
26. « Le critère de ce qui est à rechercher et à éviter, qui est constitué par les affects – puisque ce que nous éprouvons comme nous étant congénitalement approprié doit être recherché, et ce que nous éprouvons comme étranger doit être évité. » S. E. *Contre les Logiciens*, VII, 140.
27. Voir les résumés analytiques de Philodème de Gadara sur les conférences de Zénon de Sidon consacrées aux *Genres de vie* (*Péri êthôn kaì bíôn*) et aux *Vices et vertus qui leur sont opposées* (*Péri kakiôn kaí tôn antikeimenôn arêtôn*).

impression actuelle – le signe – une impression non actuelle. »[28]
Cette méthode par analogie s'attache au contenu des termes et non
simplement à leur forme : elle n'est pas la méthode purement
formelle, qui ne s'intéresse qu'aux rapports logiques entre les propositions, l'inférence par élimination (*anaskeuê*) des stoïciens ou
des dialecticiens.[29]

Finalement, l'inférence par signe est la méthode scientifique
d'Épicure lui-même :

> Ensuite c'est selon les sensations, et en général selon les projections pré-
> sentes (celles de la pensée ou celles de n'importe que critère) et les affections
> réelles qu'il faut examiner toutes choses, afin d'être en mesure d'inférer par
> signes ce qui est à confirmer et ce qui est caché.[30]

Julie Giovacchini la résume ainsi :

> avoir pour son enquête des points de départ réels, évidents, auxquels on
> pourra ramener tout le reste et qui puissent servir d'étalon de mesure au
> discours (il s'agit d'éviter la régression à l'infini) ; et pouvoir effectuer cette
> réduction de façon strictement empirique, soit directement, soit indirecte-
> ment, par une inférence par signe. [...] L'évidence qui est donnée pointe vers
> la réalité qui est recherchée (à savoir le *prosménon*, et l'*adêlon*, qui re-
> présentent deux instances possibles d'évidence non actualisée).[31]

---

28. *Ouv. cit.*, p. 106.
29. « Ils échouent aussi à comprendre comment nous établissons <une thèse>
par l'absence de réfutation par les phénomènes. Car il ne suffit pas, pour admettre
les déclinaisons minimales des atomes, de s'appuyer sur le hasard ou sur ce qui
dépend de nous, mais il faut montrer aussi que rien parmi les évidences ne vient
combattre <cette thèse> » (*Sign.* XXXVI, 9-17) En effet le *clinamen* est à la fois
cause de certains phénomènes, et certains phénomènes sont signes – positifs ou
négatifs (absence de signes contraires) – de sa présence.
30. *Hrdt.*, 38.
30. *Ouv. cit.*, p. 109-110.

LE CLINAMEN, UN SCANDALE POUR CICÉRON

Pour illustrer les réceptions d'Épicure sur le thème du *clinamen*, je me propose d'évoquer quelques philosophes, et deux essayistes, à des périodes charnières de l'histoire :

• Cicéron, au moment où s'efface la République pour céder à l'Empire romain ;

• Fénelon, au moment où s'efface la Royauté pour céder à l'absolutisme ;

• Marx, au moment où s'efface l'Ancien Régime pour céder au capitalisme industriel ;

• Althusser, au moment où s'efface le Soviétisme pour céder à la mondialisation libérale.

Des moments d'extension, de conquêtes par des empires, de démesure sans bornes, d'*húbris* à la façon d'Alexandre.

Cicéron a écrit ses ouvrages consacrés à la philosophie dans les toutes dernières années de sa vie, en 44 et 43 av. J-C, avant que Marc-Antoine ne lui fasse trancher le cou et accrocher la tête sur les rostres du forum avec un clou en or fiché dans la bouche, comme pour signifier que cet avocat beau parleur était aussi très intéressé par ses gages.

Pour Cicéron, néo-académicien, le scandale du *clinamen* est triple.

Un scandale de l'ignorance

Premièrement, cette théorie scandaleuse est le fait d'un ignare et d'un sot[1]. En effet, Cicéron accuse Épicure, pour échapper à la règle des contradictoires et à la nécessité universelle qui en découle, d'avoir pervertie la physique de Démocrite en inventant un mouvement sans cause, c'est-à-dire sans cause antérieure, ce qui le met en contradiction avec le mécanicisme de l'atomisme de l'école d'Abdère[2]. Cicéron lui suggère généreusement d'adopter le raisonnement de Carnéade[3] selon qui le mouvement de la volonté existe, ce qui ne signifie pas qu'il est sans cause, mais que la cause de ce mouvement est précisément notre volonté. Carnéade précède Lucrèce d'un siècle, mais on peut douter que Cicéron, dont on sait qu'il a contribué à l'édition du *De Rerum Natura*, n'ait pas lu Lucrèce, pour qui la déviation des atomes est à elle-même sa propre cause, comme l'est la *liberta voluntas* :

> Il faut donc reconnaître que les atomes aussi,
> outre les chocs et le poids, possèdent en eux-mêmes
> une cause motrice d'où nous vient ce pouvoir
> puisque rien, nous le voyons, de rien ne procède.[4]

Ne pas admettre le principe du tiers-exclu est un scandale logique, une impasse de la pensée, pour qui envisage l'organisation du monde, de la société, en termes de haut et de bas, de vrai et de faux, de juste et d'injuste, de bien et de mal.

---

1. Ce qu'Épicure «change, il le gâte, tandis que ce qu'il conserve appartient entièrement à Démocrite, les atomes, le vide (...) l'infinité elle-même tout comme la multitude infinie des mondes. Qui naîtraient et mourraient quotidiennement. Même si je n'approuve en aucune manière ces théories, je préférerais que Démocrite, dont tout le monde chante les louanges, n'eût pas été dénigré par celui-là même qui l'a pris comme guide unique». *De Finibus*, I, 21, trad. Carlos Lévy, in *Les Épicuriens*, La Pléiade, 2010, p. 793.

2. *De Fato*, 10, 22-23. «Il n'y a pas de raison pour qu'Épicure ait peur du destin et appelle les atomes à son secours, et, les faisant dévier de leur route, se charge à la fois de deux difficultés insolubles : l'une, qu'il puisse arriver quelque chose sans cause, d'où il résulte que quelque chose naît de rien – ce que ni lui-même ni aucun physicien n'admet –, l'autre, que, deux atomes tombant dans le vide, l'un suive la verticale, l'autre s'en écarte.» Trad. Albert Yon aux Belles Lettres.

3. Carnéade de Cyrène, philosophe académicien, mort en 129-128, avait participé à la fameuse ambassade d'Athènes à Rome en 155ᵃ, qui avait à ce point impressionné la jeunesse intellectuelle que Caton l'Ancien, craignant pour la pureté romaine, avait voulu faire expulser tous les philosophes grecs de la Ville.

4. *DRN*, II, 284-87.

Un scandale religieux

Deuxièmement, pour Cicéron, qui suit ainsi partiellement la position des Stoïciens[5], par la rencontre des atomes, à un moment et en un lieu indéterminé, le *clinamen* interrompt «l'ordonnance et la série des causes», c'est-à-dire qu'il empêche l'action du «destin, qui n'est autre chose que l'enchaînement et l'enchevêtrement des causes ». Or, pour lui, rendre inopérant le destin, c'est rendre impossible la divination, qui est un fondement de la religion, et de son effet sur les hommes et leurs sociétés. Sans divination, pas de dieux. Sans les dieux – quel scandale ! – comment régir les hommes ?

Un scandale social

Troisièmement, Cicéron qui, à la fin du *De Fato* invective Épicure en lui demandant : « Quelle est donc la cause nouvelle dans la nature qui fait dévier les atomes ? Vont-ils tirer au sort entre eux qui déclinera ou non ? », se répond à lui-même dans le *De Finibus*, en attribuant à Épicure le point de vue que :

> si certains [atomes] dévient, tandis que d'autres tombent en ligne droite du fait de leur masse, d'abord ce sera attribuer aux atomes des sortes de provinces, les uns obtenant la chute verticale, les autres la chute oblique. Ensuite cette même mêlée confuse des atomes ne pourra jamais produire le bel ordre du monde.[6]

En fait, en se servant des termes *provincias dare*, une expression utilisée pour désigner les attributions d'un proconsul en sortie de charge, Cicéron donne aux atomes des fonctions déterminées, et réintroduit dans la physique d'Épicure un principe intelligent et la finalité, qui en sont absents. C'est que pour Cicéron il est scandaleux de se passer du démiurge qui organise intelligemment le monde en vue de la réalisation du destin des hommes, scandaleuse cette interruption de la finalité qui conduit le *cursus honorum*, notamment celle qui a permis au représentant de la classe des chevaliers, qu'était Cicéron, de gravir tous les échelons de la réussite sociale jusqu'au consulat, sommet de sa carrière.

---

5. «Chrysippe dit que le destin est une certaine ordonnance naturelle et éternelle de la totalité des choses, les unes suivant les autres et se remplaçant les unes les autres en un inviolable entrelacement», mais le sage stoïcien se résigne volontairement à une destinée dont il estime qu'il ne peut l'empêcher, ce que Cicéron refuse.
6. *De Finibus*, I, 20, trad. Carlos Lévy, in *Les Épicuriens*, La Pléiade, 2010, p. 792.

Le scandale, c'est cette doctrine épicurienne qui évacue tout finalisme, tout providentialisme, social ou religieux :

> C'est maintenant l'ordre de la causalité spatio-temporelle qui est tout entier
> dissocié d'un autre ordre de causalité. Sans doute, l'effet de la spontanéité
> inhérente à l'atome, consistant en une déviation par rapport à une direction,
> advient en un certain lieu, un certain moment, mais cela ne tient qu'à la na-
> ture de l'effet et n'implique rien quant aux conditions de sa production. L'ef-
> fet momentané d'une cause permanente (...) fait irruption dans l'univers de
> la nécessité. Il n'y a pas un déterminisme puisqu'il y a une cause ; pourtant il
> y a contingence, car l'effet ne résulte en aucune façon des phénomènes anté-
> rieurs, et, par rapport à eux, semble sans cause parce que sa cause n'est pas
> parmi eux. Dans le cas où interféreraient des séries causales, leur rencontre
> restait en principe déterminée, voire même prévisible. Il y avait encore conti-
> nuité du passé au présent et à l'avenir : la prescience humaine (la divination
> chère aux stoïciens), et divine, et la providence, restait possible. Le *clina-
> men*, en introduisant dans la nature un élément de discontinuité radicale et
> de rupture permanente à l'égard du passé, donc une indétermination et une
> imprévisibilité essentielles, les détruit dans leur principe, c'est-à-dire dans
> leur possibilité même.[7]

Cette doctrine qui a infecté les milieux intellectuels dans la République romaine agonisante, au sein même du cercle des parti-
sans de César, le dictateur honni qui aura fait le lit de l'empire,
dictateur qu'on assassinera, comme on aura tenté d'anéantir l'atomisme.

---

7. M. Conche, *Ouv. cit.* p. 83.

LA «DÉVIATION»,
UNE PROVIDENCE POUR FÉNELON

Quentin Meillassoux, dans son *Essai sur la nécessité et la contingence*, dont nous étudions la réception métaphysique du *clinamen* plus loin, écrit:

> (...) il existe une réponse bien connue (...), qui consiste à montrer en quoi l'existence durable de notre monde peut bien être l'effet du seul hasard. Son principe est le même que celui par lequel les épicuriens expliquent l'existence apparemment finalisée des êtres vivants : on compare l'émergence des organismes les plus complexes à un résultat aussi improbable que désiré (celui, par exemple, qui aboutirait à l'écriture de *L'Iliade* à partir d'un lancer hasardeux de lettres sur une surface donnée), résultat qui devient pourtant conforme aux lois du hasard si on se donne un nombre d'essais lui-même suffisamment immense.

Cette objection n'est pas nouvelle, on la trouve déjà chez Cicéron:

> Puis-je voir sans surprise après cela un homme persuadé que des corpuscules solides et insécables, obéissant aux lois de la pesanteur, engendrent par leur rencontre fortuite un monde où règne un si bel ordre? Qui admet la possibilité de cette génération je ne conçois pas pourquoi il n'admettrait pas aussi que les vingt et un caractères de l'alphabet répétés en or ou en n'importe quelle matière à d'innombrables exemplaires pourront, si on les jette à terre, se disposer de façon à former un texte bien lisible des *Annales* d'Ennius, je doute fort quant à moi que le hasard puisse grouper ces caractères de manière à former seulement un vers. Comment ces épicuriens peuvent-ils prétendre que des corpuscules qui n'ont ni couleur, ni qualité sensible d'aucune sorte, ni sentiment, formeront par leurs rencontres fortuites et désordonnées un monde achevé ou plutôt des mondes innombrables dont les uns naissent, les autres périssent à chaque instant de la durée?[1]

Mais, parmi les modernes, la critique la plus achevée est celle de François de Salignac de la Mothe Fénelon, dans son *Traité de l'existence de Dieu* (1675), au chapitre III, qui présente sa *Réponse aux objections des épicuriens*.[2] Elle mérite qu'on l'analyse de près, tant elle sera le socle de tout un courant de pensée actif aujourd'hui

---

1. Propos de Balbius dans *La Nature des Dieux*, II, XXXVII.
2. Le texte complet du chapitre est reproduit en appendice 3.

dans le créationnisme. Quels en sont les arguments ? Et que peut-
on en dire ? Ce qui suit en est une lecture cursive.

*[§§ 1-6] Devant la perfection du monde et des organes, il faut
convenir de l'existence divine.*

La perfection du monde a déjà été prouvée avec l'argument attribué à Aristote par Cicéron :

> Aristote dit très bien : « Supposons que des hommes aient toujours vécu sous
> terre, dans de belles demeures bien éclairées, ornées de statues et de ta-
> bleaux, pourvues de tous les agréments qu'on trouve en abondance chez les
> heureux du monde, que, sans être jamais montés jusqu'à la surface, ils aient
> cependant entendu parler des dieux, de leur existence, de leur action toute
> puissante, puis qu'un jour, leurs habitations souterraines se trouvant com-
> muniquer librement avec le sol, ils aient pu parvenir jusqu'aux lieux où nous
> vivons nous-mêmes. La terre et les mers et le ciel leur apparaîtraient brusque-
> ment, les nuées étaleraient à leurs yeux leur grandeur et les vents feraient
> sentir leur force, le soleil se montrerait dans sa magnificence et ils connaî-
> traient en même temps le pouvoir qu'il a de répandre chaque jour la lumière
> dans l'immensité du ciel, au moment où la nuit couvrirait la terre d'un voile
> de ténèbres, ils verraient le firmament se consteller de lueurs et la lune à
> l'aspect changeant, tantôt croissante et tantôt décroissante, argenter le sol, ils
> sauraient que l'apparition de tous ces astres au-dessus de l'horizon et leur
> disparition, leur trajet dans le ciel sont soumis de toute éternité à un ordre
> invariable. Certes en présence d'un pareil spectacle l'idée que les dieux
> existent bien réellement, que ce monde est leur ouvrage ne manquerait pas
> de s'imposer à eux. » Ainsi parle Aristote.[3]

Quant à la perfection des organes, il suffit de se référer à l'autorité de Galien :

> [...] Mais, même si l'on concédait à tous les atomes d'Épicure et aux gros-
> seurs élémentaires d'Asclépiade ce qu'on admirait le plus au monde : les heu-
> reuses conséquences de la fortune dont on vient de parler précédemment,
> on ne saurait plus leur concéder la répartition égale des dents. On se persua-
> dera au contraire qu'elle est l'œuvre d'un superviseur juste, plutôt que d'af-
> firmer qu'elle est celle d'un heureux mouvement du hasard. En effet, que les
> dents du bas soient d'un nombre exactement égal à celle du haut, bien que
> cependant aucune des deux mâchoires ne soit égale à l'autre, indique un
> sens extrême de la justice... Toutefois, accordons cela également aux atomes,
> dont la fortune est si heureuse que ces « grands hommes » affirment qu'ils
> sont mus d'un mouvement dépourvu de raison, mais qui risque de tout ac-
> complir avec plus de raison qu'Épicure et Asclépiade !

> Car ce qui est particulièrement admirable avec les atomes, c'est qu'ils ont
> créé les molaires dans le fond de la bouche, des incisives sur le devant, non
> seulement pour les hommes mais également pour le reste des êtres vivants.
> Que pour une espèce le mouvement fortuit des atomes ait été heureux, se

---

3. Cicéron, *ND*, II, 37.

serait admissible, mais qu'il l'ait été semblablement pour toutes les espèces sans exception, voilà qui implique dès lors une raison réflexive.[4]

[§ 7] Le système présent du monde est une des combinaisons successives infinies que les atomes ont déjà formées par hasard, et qui sera défaite à nouveau.

Fénelon ajoute à sa présentation de la génération des mondes par l'épicurisme une dimension nécessitariste qui en est absente.

L'épicurisme ne dit pas cela ; il dit : les atomes, en nombre infini, se heurtent continuellement dans le chaos, pendant le temps de l'éternité, jusqu'à former soudain des rassemblements stables et viables, à l'origine (à la base) des semences des mondes réels.

[§ 9] «Topos» de l'Iliade *composée par hasard, à partir d'un tirage aléatoire parmi les lettres de l'alphabet : « l'Iliade entière se trouve parfaite, sans que l'art d'un Homère s'en soit mêlé»*

Ce topos, (qui est une reprise de Cicéron., *ND*, II, 37), absent du corpus épicurien, est :

- **erroné**, car *L'Iliade* étant une combinaison de lettres, si le nombre de tirages est infini, il est possible que l'un d'eux soit la composition de *L'Iliade*, même si la probabilité est infime (Fénelon ne semble pas connaître les travaux de Pascal ou Fermat sur les probabilités et le calcul infinitésimal, qui datent des années 1640) ;

- **fallacieux** :

1° car attribué incidemment à Épicure, alors que celui-ci refuse l'assertion des Mégariques pour qui tout possible est nécessaire, affirme que les futurs sont contingents, et qu'une vérité logique n'infirme pas une évidence physique (celle des phénomènes) : il n'existe aucune finalité intentionnelle ou providentielle dans la nature ;

2° car occultant volontairement que dans la *phusiologia* de l'épicurisme, les régularités de la nature rendent impossible la création de combinaisons inviables, en franchissant les limites imposées par les *foedera naturae* (la contingence elle-même est une de ces lois de la nature), et ainsi masquant que les combinaisons viables y sont observées *a posteriori*, et non conçues *a priori* par une intelligence divine ou un art poétique.

---

4. Galien, *Utilité des parties du corps*, 7-8, trad. Jacques Boulogne, in *Les Épicuriens*, La Pléiade, 2010, p. 969-971.

*[§§ 10-14] Les combinaisons successives des atomes sont infinies
en nombre.*

Un nombre infini de combinaisons ne peut être infini, puisque
je peux toujours ou lui ajouter ou lui retrancher un nombre (une
unité). Et Fénelon ajoute : « ce qui peut recevoir de l'augmentation
est borné par l'endroit où l'on s'arrête, pouvant aller plus loin, et y
ajouter quelque unité. Il est donc évident que nul composé divisible ne peut être l'infini véritable».

Les perfections du monde ne pouvant être l'effet du hasard, et
les combinaisons des atomes n'étant pas infinies, il faut réfuter aussi l'éternité du monde et admettre et qu'il a une origine fixe et qu'il
a été créé par une sagesse antérieure et supérieure.

Fénelon confond un nombre « infini » et la suite des nombres qui
est infinie. On écrirait aujourd'hui :

$$\forall \; \nu \in N, \; \exists \; \mu = \nu + 1$$

ce qui définit la suite N comme infinie. Leibniz, qui connaît le
calcul infinitésimal, ne s'aventurera pas sur ce terrain mathématique et, reprenant le topos de la « bibliothèque formée par
concours fortuit d'atomes», il concèdera qu'elle est possible, quoiqu'étrange et moralement nulle, et réintroduira la Providence pour
en garantir la moralité :

> il y a toutes les apparences du monde que les choses ne sont pas moins
> belles et moins concertées dans les autres régions de l'univers que dans
> celle-ci. Je demeure d'accord que cette fiction n'est pas impossible, absolu-
> ment parlant, c'est-à-dire qu'elle n'implique pas contradiction quand on ne
> considère que le raisonnement présent pris de l'ordre des choses (quoiqu'il
> y en ait d'autres qui le détruisent absolument) : mais elle est aussi peu
> croyable que de supposer qu'une bibliothèque entière s'est formée un jour
> par un concours fortuit d'atomes ; car il y a toujours plus d'apparence que la
> chose se soit faite par une voie ordinaire que de supposer que nous soyons
> justement tombés dans ce monde heureux par hasard. Si je me trouvais
> transporté dans une nouvelle région de l'univers, où je verrais des horloges,
> des meubles, des livres, des bâtiments, j'engagerais hardiment tout ce que
> j'ai que cela serait l'ouvrage de quelque créature raisonnable, quoiqu'il soit
> possible, absolument parlant, que cela ne soit pas, et qu'on puisse feindre
> qu'il y a peut-être un pays, dans l'étendue infinie des choses, où les livres
> s'écrivent eux-mêmes. Ce serait néanmoins un des plus grands hasards du
> monde, et il faudrait avoir perdu l'esprit pour croire que ce pays où je me
> rencontrerais est justement le pays possible où les livres s'écrivent par ha-
> sard, et l'on ne saurait tout aveuglément suivre plutôt une supposition si
> étrange, quoique possible, que ce qui se pratique dans le cours ordinaire de
> la nature : car l'apparence de l'une est aussi petite à l'égard de l'autre qu'un
> grain de sable est à l'égard d'un monde. Donc l'apparence de cette supposi-
> tion est comme infiniment petite, c'est-à-dire moralement nulle, et, par
> conséquent, il y a certitude morale que c'est la Providence qui gouverne les

choses. Il y en a encore d'autres démonstrations qui sont absolument géométriques ; mais elles ne peuvent pas entrer aisément dans ces discours familiers, et ce que je viens de dire doit suffire et à mon dessein présent et à vos souhaits.[5]

Fénelon ajoute une évidence à son erreur, en sautant du domaine mathématique au domaine physique, celle que nul composé ne peut être divisible à l'infini, opposant à l'épicurisme... la réfutation des Éléates par Aristote dans le domaine logique, et par l'atomisme dans le domaine physique.

[§ 15] Les atomes sont, et sont parfaits.

Où les épicuriens trouvent-ils cette idée de l'atome ? Fénelon veut ignorer le canon épicurien :

le tout est < corps et vide >. Car que les corps soient, la sensation elle-même l'atteste dans tous les cas, et c'est à elle qu'il faut se référer pour faire, par raisonnement, des conjectures sur le non-manifeste. (*Hrdt.* 40)

[§§ 16-17] Les atomes se meuvent éternellement.

Fénelon considère d'abord qu'un corps peut être au repos, ensuite qu'une partie d'un corps ne peut avoir un mouvement différent du tout.

La réfutation de Fénelon repose sur la confusion entre atomes et composés, qu'Épicure distingue nettement :

Parmi les corps, les uns sont des composés et les autres ceux dont les composés sont faits. Or ces seconds corps sont insécables et immuables. (*Hrdt.*, 41).

[§§ 18-22] Les atomes se meuvent par eux-mêmes.

Nul corps ne se meut par soi-même mais est mû toujours par le choc d'un autre corps, qui lui communique son mouvement, donc perd son essence.

La critique remonte elle aussi à Cicéron :

[18] Alors qu'il existe dans la physique deux questions à envisager, la première concernant la nature de la matière dont tout est fait, la seconde relative à la force qui produit toute chose, ils ont traité de la matière, mais ils ont négligé la force et la cause efficiente. Cette erreur leur est commune ; voici un désastre propre à Épicure. Il pense que ces corps indivisibles et solides sont portés par leur poids de haut en bas, selon le mouvement qui est naturel à tous les corps. [19] Puis, sur ce même point, cet homme subtil, s'apercevant que, si tous les corps se déplaçaient de haut en bas et, comme je l'ai dit, suivant la verticale, aucun atome ne pourrait toucher un autre atome, il imagina un expédient, affirmant que l'atome dévie d'une distance infiniment petite. C'est ainsi que se produiraient les connexions, les unions, les agrégats d'atomes, qui créeraient le monde, toutes ses parties et tous ce qui réside en lui.[6]

5. Leibniz, *Dialogue sur des sujets de religion*, Œuvres, t. II, p. 529-530.
6. *De Finibus*, I, VI, 18-20.

[§§ 23-24] Les atomes se meuvent sans cause.

La matière n'étant ni infinie ni éternelle, il faut qu'un premier atome ait initié le premier moteur du mouvement des atomes, à un moment précis, par une main précise en vue d'une fin précise dans un tout fini. « Toutes ces lois qu'on suppose comme éternelles et immuables sont au contraires arbitraires, accidentelles et instituées sans nécessité ; car il n'y en a aucune dont on trouve la raison dans l'essence d'aucun corps», dit Fénelon.

Aristote déjà avait critiqué Démocrite d'avoir conçu le mouvement des atomes sans cause, ni origine, ni fin.

Fénelon adopte le classement d'Aristote (cf. tableau sur la *Physique* II, donné au chapitre précédent, p. 30) : le mouvement des corps n'est pas un phénomène régulier, dont la cause est en soi, intérieure et nécessaire (1.2.2.), mais accidentel (1.2.1.b).

Épicure a déplacé la critique d'Aristote par la *parégkli-sis*, le *clinamen*, dont Lucrèce dit qu'il se produit «à un moment indéterminé, dans un lieu indéterminé »[7]. En effet, dans l'univers infini, la masse de la matière ne peut ni s'accroître, ni se réduire, elle demeure répartie de manière aléatoire. Les déplacements des atomes sont éternellement formés dans le même environnement. La déclinaison peut donc se produire à tout moment, en tout lieu, de manière indéterminable.

[§§ 25-28] Les atomes se meuvent en ligne droite d'eux-mêmes, et sont de formes différentes.

Par « complaisance », Fénelon retient l'hypothèse, quoique le mouvement circulaire eût été tout aussi naturel, et en conclut que les lignes droites étant parallèles, les atomes ne se rencontrent jamais et ne forment jamais aucune combinaison.

Fénelon sous-entend que la chute des atomes en ligne droite est sans cause, qu'elle est «essentielle» aux atomes. Il ignore, ou feint d'ignorer, que «le déplacement vers le bas est le fait du poids propre des atomes» (*Hrdt.*, 61), car le poids est une des trois qualités propres («essentielles») des atomes (*Hrdt.*, 44).

[§ 29] Le clinamen de Lucrèce décline le mouvement des atomes de la ligne droite pour permettre la rencontre des atomes.

Si la chute en ligne droite est essentielle aux corps, alors le *clinamen* viole l'essence de la matière ; si elle ne l'est pas, nul besoin

---

7. *DRN*, II, 218-219 ; 259-260 ; 293.

du *clinamen* pour expliquer la génération des corps, le « premier moteur » y suffit. Les deux principes sont contradictoires.

C'est l'aporie classique opposée à la déviation des atomes depuis Cicéron déjà :

> Si, en effet, tous les atomes dévient, il n'y aura jamais aucun assemblage. D'autre part, si certains dévient, tandis que d'autres tombent en ligne droite du fait de leur masse, [...] cette même mêlée confuse des atomes ne pourra jamais produire le bel ordre du monde.[8]

[§§ 30-32] Le clinamen garantit la liberté humaine.

Lorsqu'ils tombent en ligne droite, les atomes sont des objets inanimés ; lorsqu'ils dévient, ils deviennent des âmes intelligentes : une absurdité, inutile, car le libre arbitre est indubitable.

Le raisonnement de Fénelon est tout emprunté de Cicéron :

> Épicure a introduit cette explication parce qu'il a craint que, si l'atome se déplaçait toujours en vertu d'une pesanteur naturelle et nécessaire, il n'y ait en nous aucune liberté puisque l'âme ne serait animée que par la contrainte du mouvement des atomes. [...] Carnéade a fait preuve d'une plus grande subtilité : il montrait que les Épicuriens pouvaient défendre leur cause sans cette déviation imaginaire. Car puisqu'ils enseignaient qu'il peut exister un mouvement volontaire de l'âme, il était préférable de le défendre plutôt que d'introduire la déviation, à laquelle justement ils ne pouvaient trouver de cause ; [...] en ayant concédé qu'aucun mouvement ne peut exister sans cause, ils ne concéderaient pas pour autant que tout événement se produit par des causes antécédentes ; car il n'existe pas de causes extérieures et antécédentes de notre volonté.[9]

[§§ 33-35] Les mouvements des corps obéissent à des lois constantes, nécessaires et immuables.

Alors le *clinamen* est aussi nécessaire, immuable et essentielle que la chute en ligne droite, ou que la ligne perpendiculaire : tout ce qui est matière est soumis à la nécessité physique (des lois nécessaires immuables et invincibles), au contraire de la liberté humaine qui doit être recherchée dans un être incorporel, une puissance supérieure aux corps et aux esprits.

Fénelon conclut sa *bienveillante* critique ainsi : « Prions pour ceux qui n'ont su conclure en faveur de cette vérité évidente ».

La messe est dite.

---

8. *Fin.*, I, VI, 20.
9. *De Fato*, 23.

À un correspondant qui lui demandait s'il croyait à l'existence des démons, Spinoza répondra, dans une lettre de 1613 :

> Pour moi l'autorité de Platon, d'Aristote et même de Socrate n'est pas décisive. J'aurais été étonné si vous aviez invoqué Épicure, Démocrite, Lucrèce [...]. Rien de surprenant à ce que ceux qui ont inventé les qualité occultes, la finalité des espèces, les genres substantiels et mille autres absurdités, aient inventé les spectres et les esprits et cru les vieilles sorcières afin d'affaiblir l'autorité de Démocrite ; ils ont tant envié sa bonne réputation qu'ils ont brûlé tous ses écrits ![1]

La lecture des textes par le jeune Marx

Marx était, étudiant en philosophie, grand lecteur de Spinoza. Engels rapporte que :

> ayant terminé son éducation préparatoire au lycée de Trèves, Karl Marx fit d'abord, à partir de 1835, des études juridiques à Bonn, puis à Berlin, où il étudia ensuite la philosophie ; en 1841, il prit à Berlin le grade de docteur en philosophie, avec une thèse sur la philosophie d'Épicure.[2]

En réalité, c'est à Iéna, en avril 1841 que Marx déposa une dissertation manuscrite portant sur la « *Différence de la philosophie naturelle chez Démocrite et Épicure* » en vue de son habilitation à enseigner la philosophie, ce qu'il renoncera d'ailleurs à faire dès l'année suivante pour se consacrer au journalisme militant.

Quatre ans plus tard, en 1845, dans *La Sainte Famille*, Marx évoque Épicure :

> Dès sa naissance, la métaphysique du XVIIe siècle, dont Descartes est le plus illustre représentant français, eut le matérialisme pour antagoniste. C'est bel et bien Descartes qu'il affronta en la personne de Gassendi, restaurateur du matérialisme épicurien. Le matérialisme français et anglais gardait toujours des rapports étroits avec Démocrite et Épicure.[3]

1. Lettre de Spinoza à Hugo Boxel, 1674, trad. Maximilien Rubel, in Karl Marx, *Œuvres*, tome III, *Philosophie*, Bibliothèque de la Pléiade, Paris, 1982, p. 2. Au demeurant, Platon a renoncé à brûler les écrits de Démocrite, sur la recommandation de Pythagoriciens qui lui faisaient valoir que cela ne servirait à rien, car, de toutes façons les livres de Démocrite étaient déjà largement diffusés (DL, IX, 40).
2. *Handwörterbuch der Staatswissenschaft*, IV, 1892, p. 337.
3. *La Sainte Famille*, ch. 6, III.

Onze ans plus tard, en 1858, Marx écrit à Engels :

> Chez Épicure, on peut démontrer dans le détail que, tout en partant du natu-
> ralisme de Démocrite, il en retourne partout la pointe. On ne peut guère
> blâmer Cicéron et Plutarque de n'avoir pas compris cela, car même des gens
> aussi ingénieux que Bayle, voire Hegel en personne, n'en ont pas eu le flair.[4]

Mais qu'est-ce donc que des philosophes aussi prestigieux que
Cicéron, Plutarque, Bayle et Hegel n'ont pas compris ? En essayant
d'avoir du « flair », suivons les traces de Marx[5], à petits pas.

Notons d'abord, qu'au sortir de ses études de philosophie à Berlin, où l'Université est entièrement dominée par l'héritage de Hegel, Marx affronte chez les autres, et chez lui, les relents de
l'hégélianisme. L'atomisme est une des cibles privilégiées de Hegel
et la principale critique qu'il puisse lancer contre un philosophe,
c'est d'être atomiste. Les violentes attaques contre Newton et le
mépris général à l'encontre de la « race de Bacon » sont toujours
liés à la dénonciation de l'atomisme. Hegel avait choisi Platon, dia-
lecticien pour qui l'Idée est l'unité des différences, l'identité de
l'Être et du non-Être. Marx, à Iéna, loin des terres berlinoises, tente
de régler ses comptes avec l'hégélianisme.

Marx affirme que, du point de vue le plus général, les physiques
de Démocrite et d'Épicure semblent presque identiques. Il n'y a
que deux principes : les atomes et le vide. Mais Marx ajoute immédiatement :

> Deux philosophes professent absolument la même science, tout à fait de la
> même manière, mais – quelle inconséquence ! – ils s'opposent diamétrale-
> ment en tout ce qui concerne la vérité, la certitude, l'application de cette
> science, en général, le rapport de la pensée à la réalité.[6]

Jusque là un Épicurien « orthodoxe » peut le suivre.[7]

4. *Lettre à Engels*, 22 février 1858.
5. À la suite de Denis COLIN, qui a déposé sur son blog un article intitulé *Marx et Épicure, La thèse de doctorat dans la formation de la pensée de Karl Marx*.
6. « Zwei Philosophen lehren ganz dieselbe Wissenschaft, ganz auf dieselbe Weise; aber – wie inkonsequent! – in allem stehen sie sich diametral entgegen, was Wahrheit, Gewißheit, Anwendung dieser Wissenschaft, was das Verhältnis von Gedanken und Wirklichkeit überhaupt betrifft. » *Dissertation* de Marx, *Première Partie*, 1841, dont je donne la traduction de la deuxième partie consacrée au *clinamen* en appendice 4.
7. Marx affirme en quoi les deux philosophes sont opposés, mais pas en quel sens. Jusque là on peut le suivre, s'il entend comme M. Conche, in *Lucrèce et l'expérience*, appendice *Épicure et l'analyse quantique de la réalité*, p. 290 : « La doctrine d'Épicure est purement physique. La méthode même est celle d'un pur physicien [...]. La démarche de [Démocrite] dans la détermination d'un modèle d'univers, est souvent purement rationnelle et a priori, alors que, pour Épicure, dans la fixation des formes atomiques, de la grandeur des atomes, etc., il convient de procéder non pas *a priori* mais plutôt *a posteriori*, c'est-à-dire avec le souci de n'admettre rien de plus que ce qu'il est nécessaire d'admettre pour rendre intelligible le monde visible, donné à nos sens. »

Pour Démocrite, la manifestation sensible n'est pas le propre des atomes eux-mêmes ; «mais tandis que Démocrite réduit le monde sensible à l'apparence subjective, Épicure en fait un phénomène objectif»[8]. Pour lui, rien ne peut réfuter les perceptions sensibles et cette certitude conduit la méthode épistémologique.[9]

Marx ajoute :

> Nous voyons comme différence de l'énergie pratique ce qui plus haut s'exprime comme divergence de la conscience théorétique[10].

De sa lecture des sources, Marx tire la conviction que :

> Le hasard est une réalité qui n'a que la valeur de la possibilité. [...] La possibilité réelle cherche à fonder la nécessité et la réalité de son objet ; la possibilité abstraite ne conerne pas l'objet qui est expliqué, mais le sujet qui explique. Il suffit que l'objet soit possible, pensable. [...] Il est indifférent alors que cette possibilité soit d'ailleurs réelle[11].

Du point de vue de l'Épicurien, on ne peut plus suivre le jeune Marx, car il semble inverser la physique d'Épicure, en un retournement paradoxal par rapport à Démocrite, et lui faire quitter le domaine de l'évidence des phénomènes.

Qu'est-ce qui autorise Marx à être aussi catégorique dans sa «différence» des deux physiques? C'est, nous le retrouvons en chemin, le *clinamen*, comme il le dit : «ce qui différencie Démocrite et Épicure, c'est la déclinaison de l'atome de la ligne droite».

En réalité, le jeune Marx va théoriser la déclinaison à partir du *clinamen* de Lucrèce et l'attribuer à Épicure dans son opposition à Démocrite, ce Lucrèce dont il estime qu'il est «en vérité le seul de tous les Anciens qui ait compris la physique d'Épicure»[12]. Pour Marx, l'essentiel de la déclinaison ne tient pas dans la rencontre aléatoire des atomes, mais dans le fait que l'atome quitte la ligne droite de sa chute verticale. Il dit :

> tout corps qui tombe est absorbé dans la ligne droite qu'il décrit. [...] Tout corps, tant qu'on le considère dans le mouvement de chute, n'est rien d'autre

---

8. «Während aber *Demokrit* die *sinnliche Welt* zum *subjektiven Schein* macht, macht sie *Epikur* zur *objektiven Erscheinung*.»
9. Comme l'a aussi reconnu Kant : «Épicure ne dépasse jamais, dans ses raisonnements, les limites de l'expérience.», *Critique de la raison pure*. Dans sa pratique, l'épicurisme n'est pas une métaphysique.
10. «Wir sehen als Differenz der praktischen Energie, was oben als Unterschied des theoretischen Bewußtseins sich ausdrückt.»
11. «Der Zufall ist eine Wirklichkeit, welche nur den Wert der Möglichkeit hat. [...] Die reale Möglichkeit sucht die Notwendigkeit und Wirklichkeit ihres Objektes zu begründen; der abstrakten ist es nicht um das Objekt zu tun, das erklärt wird, sondern um das Subjekt, das erklärt. Es soll der Gegenstand nur möglich, denkbar sein. [...] Ob diese Möglichkeit nun auch wirklich sei, ist gleichgültig. »
12. «Lukrez, der überhaupt von allen Alten die epikureische Physik allein begriffen hat.»

qu'un point en mouvement, de surcroît un point sans autonomie qui, comme être déterminé — la ligne droite qu'il décrit — renonce à sa singularité.[13]

Marx avance d'un pas de plus vers la conceptualisation de l'atome. Les atomes pour lui

> sont des corps purement autonomes ou plutôt sont le corps conçu absolument autonome, comme les corps célestes. En conséquence de quoi, comme ceux-ci, ils se déplacent non pas en lignes droites, mais en lignes obliques. *Le mouvement de la chute est le mouvement de la non-autonomie.*[14]

À la limite, les atomes ne quittent plus la ligne droite pour s'entrechoquer, ils ne sont atomes que parce qu'ils suivent une ligne oblique, et, en dernière instance, on peut se demander, d'une part où est passée la déclinaison, et d'autre part si le jeune Marx n'entre pas en contradiction avec Lucrèce qui dit:

> Il est nécessaire, je le répète, que les atomes dévient légèrement – mais le moins possible – sans quoi nous paraîtrions admettre des mouvements obliques, ce qui démentirait l'expérience.[15]

Marx avance d'un pas encore:

> *De surcroît, l'atome n'est d'aucune façon achevé avant d'être posé dans la détermination de la déclinaison.* Requérir la cause de cette détermination revient donc à requérir la cause qui fait de l'atome un principe – clairement une requête dénuée de sens pour quiconque considère l'atome comme la cause de toute chose, et comme étant lui-même sans cause.[16]

Les implications politiques et philosophiques de sa lecture

Marx considère la déclinaison, et aussi l'atome épicurien, comme des éléments de la conscience humaine, plus que comme des éléments de la physique, même si, en tant que produits de l'ac-

---

13. «so ist jeder fallende Körper in der geraden Linie aufgehoben, die er beschreibt. [...] Jeder Körper, sofern er in der Bewegung des Falls aufgefaßt wird, ist also nichts als ein sich bewegender Punkt, und zwar ist er ein unselbständiger Punkt, der in einem gewissen Dasein – der geraden Linie, die er beschreibt – seine Einzelheit aufgibt.»
14. «Die Atome sind rein selbständige Körper oder vielmehr der Körper, in absoluter Selbständigkeit gedacht, wie die Himmelskörper. Sie bewegen sich daher auch wie diese, nicht in geraden, sondern in schrägen Linien. *Die Bewegung des Falls ist die Bewegung der Unselbständigkeit.* »
15. *DRN*, II, 243-245, trad. M. Conche in *Lucrèce et l'expérience*, p. 205. José Kany-Turpin traduit ainsi: «Oui, encore une fois, il faut que les atomes dévient un peu, d'un minimum, pas davantage, ainsi nous n'inventerons pas des mouvements obliques démentis par la réalité.»
16. «Dann aber ist das Atom noch gar nicht vollendet, ehe es in der Bestimmung der Deklination gesetzt ist. Nach der Ursache dieser Bestimmung fragen heißt also, nach der Ursache fragen, die das Atom zum Prinzip macht, – eine Frage, die offenbar für den sinnlos ist, dem das Atom Ursache von allem, also selbst ohne Ursache ist.»

tivité humaine, ils sont des éléments de la nature. L'homme doit pouvoir penser librement son devenir. La conscience le lui permet en tant que telle, la déclinaison n'est plus que la forme de cette conscience pensée par Épicure dans son temps, dans le contexte culturel et la langue de son temps, dans les débats philosophiques de son temps.[17]

Pour la conception du matérialisme, la conséquence est que la conscience doit produire un renoncement au matérialisme métaphysique, qui hypostasierait la « matière » comme une chose. Le jeune Marx, en cherchant à rompre formellement avec l'hégélianisme, a tenté de faire du matérialisme épicurien un moment décisif de l'histoire de la philosophie prise comme histoire de la conscience.

L'Épicurien est en droit, toutefois de se poser la question de la fidélité de sa lecture. En effet, il peine à le suivre en deux endroits : lorsqu'il a opposé une physique épicurienne « abstraite » à celle de Démocrite, et lorsqu'il a postulé la chute oblique des atomes comme manifestation de la déclinaison, tandis que l'Épicurien dira que la déclinaison n'est que le moment épistémologique originel – qu'aucun phénomène ne contredit – rendant possible la rencontre des atomes, quittant leur chute en ligne droite.[18] Pour l'Épicurien, le jeune Marx aura : ou bien voulu jouer d'un « retournement dialectique hégélien », ou bien commis un contresens, ou bien les deux à la fois.

Néanmoins, pour Marx dans le registre de la conscience, Épicure a pensé le monde comme possibilité. La nécessité n'est pas une nécessité absolue. Elle est une nécessité pensée, mais qui pourrait se produire autrement. Si le monde est posé comme possibilité, la liberté du sujet est donc pensable corrélativement. Face aux « lois naturelles », il affirme l'autonomie de l'individu, sa capacité à « résister et combattre ». C'est qu'en Rhénanie, en 1840, si l'on veut concevoir un avenir différent dans une société dominée par la bourgeoisie, il vaut mieux croire au possible, plutôt qu'au destin, et

17. « De même que l'atome n'est rien d'autre que la forme naturelle de la conscience de soi abstraite, singulière, de même la nature sensible n'est que la conscience de soi objectivée, empirique, singulière, en un mot la conscience de soi sensible. » *Idem.*, II, V.

18. Philodème de Gadara écrit : « De fait, pour admettre l'existence des déviations minimales des atomes, loin que la fortune et ce qui est de notre ressort soient suffisants, il faut de surcroît montrer clairement aussi que rien d'autre du moins n'y contredit, parmi les évidences. », *Les Phénomènes et les Inférences*, 54, trad. in *Les Épicuriens*, La Pléiade, p. 560.

les événements de 1848 semblent lui donner raison, même si la bataille n'a pas conduit à la victoire espérée.

En termes logiques posons les contradictoires suivants :

$\begin{cases} \textit{ou bien demain aura lieu une révolution en Allemagne ;} \\ \textit{ou bien, demain n'aura pas lieu une révolution en Alle-} \\ \textit{magne.} \end{cases}$

Évidemment Marx suit Épicure quand celui-ci dit que les deux
termes sont possibles, car il a besoin du premier pour agir. Mais
l'orthodoxie marxiste ignorera le second !

Cette ouverture au possible, affectée par le retournement du
sens de lecture de l'épicurisme effectué par le jeune Marx, ne durera pas. Dès les *Manuscrits de 1844*, Marx semble privilégier les lois
qui doivent expliquer, et annoncer, les mouvements de l'histoire[19].
Quant au marxisme orthodoxe, il ira, comme chez Plekhanov, jusqu'à occulter l'existence de la *Dissertation* de Marx, ou générale-
ment à la qualifier d'«idéalisme hégélien» de jeunesse, un faux-pas
qui devait l'écarter de « l'Épicure doctoral pour l'amener à retrouver l'Épicure matérialiste mécaniste [...] et à devenir le fondateur
du matérialisme historique »[20], comme le dit encore si clairement
un marxiste orthodoxe en 1970.

De sa lecture d'Épicure, le jeune Marx a retenu également que si
le monde est pensé comme possible, il est aussi contingent. Mais
en analysant ce qu'il considère être l'hypostasie du *clinamen*, il réduit sa portée cosmologique, dont il estime qu'elle est naïve, vers
une sorte de phénoménologie. Ce n'est pas sans conséquences, car
le matérialisme devient une nécessité pour des mondes et pour des
sociétés dans le monde. Une porte ouverte pour le soviétisme.

19. «Nous avons admis comme un fait l'aliénation du travail, son dessaisissement
de soi, et nous avons analysé ce fait. Comment, demandons-nous maintenant,
l'homme en vient-il à aliéner son travail, à le rendre étranger ? Comment cette aliénation est-elle fondée dans l'essence du développement humain ? Nous avons déjà
fait un grand pas dans la solution de ce problème en transformant la question de
l'origine de la propriété privée en celle du rapport du travail aliéné à la marche du
développement de l'humanité. Car lorsqu'on parle de la propriété privée, on
pense avoir affaire à une chose extérieure à l'homme. Et lorsqu'on parle du travail,
on a directement affaire à l'homme lui-même. Cette nouvelle façon de poser la
question implique déjà sa solution »„*Premier Manuscrit, le travail aliéné.*
20. J.-M. GABAUDE, *Le jeune Marx et le Matérialisme antique*, Toulouse-Rodez, 1970,
p. 34.

Une telle « postérité » pour Marx était-elle fatale ? C'est ce que nous allons essayé de voir à travers la lecture que Louis Althusser en a faite.

On sait que Louis Althusser doit sa renommée, dans le monde des études marxiennes, à la lecture rénovée du marxisme qu'il a donnée dans ses deux ouvrages datant du début des années soixante : *Pour Marx* et *Lire le Capital*[1]. Quel est le sens de cette lecture rénovée ?

« Science marxiste »

Dans une intervention diffusée par la RTF en février 1963[2], Althusser affirme que Marx a créé une science[3]. Comment l'a-t-il fondée ? Préalablement,

> c'est en critiquant la prétention philosophique comme la prétention d'une réflexion qui veut fonder le sens originaire de la vérité, qui veut en quelque sorte saisir la vérité à sa naissance, saisir le moment où la vérité apparaît au monde, véritablement la vérité à l'état naissant, c'est en critiquant cette prétention que Marx est devenu Marx.

On retrouve des thèmes familiers du matérialisme : il n'y a pas d'origine, il n'y a pas de démiurge[4].

Ensuite pour fonder sa science nouvelle, Marx, doit se confronter à la philosophie, c'est-à-dire à l'idéologie pour Althusser, la replacer dans l'histoire : « La philosophie, Marx la rencontre comme

---

1. Louis ALTHUSSER, *Lire le Capital* et *Pour Marx*, Maspero, Paris, 1965.
2. J'en donne en appendice 5 la transcription intégrale.
3. « Marx fonde, à propos de l'objet de l'histoire, à propos de la réalité du comportement des hommes, à propos de la production de l'économie politique, à propos des lois économiques politiques, à propos du développement historique des formations sociales, à propos des révolutions, Marx fonde ce que nous devons considérer, si nous voulons entrer dans l'essentiel de sa pensée, comme une discipline scientifique ».
4. Althusser ajoute : « C'est là que nous atteignons pour la première fois ce que peut être le principe d'une critique matérialiste chez Marx. C'est-à-dire refuser le primat de la conscience sur la réalité et soumettre le contenu d'une conscience, qu'il s'agisse d'un idéal historique, qu'il s'agisse de l'essence de l'homme, qu'il s'agisse de l'humanisme, à la réalité, à la réalité qui doit en être la norme. ».

objet d'étude. Il est donc obligé à la fois de s'en libérer, et en même temps, d'en faire la théorie ».[5] Il ne faut pas s'en remettre aux mythes, mais à l'étude de la nature[6].

Pour Althusser, cette création d'une science nouvelle s'appuie sur deux exigences : d'une part,

> la critique des illusions, la critique des mythes, [qui] est profondément an-
> crée chez Marx. C'est absolument radical. Critique de la conscience, critique
> donc de toutes les illusions, c'est la première exigence du matérialisme ;
> [d'autre part,] la mise en évidence des conditions fondamentales de toute ac-
> tivité humaine, y compris l'activité scientifique, comme reliée à ses condi-
> tions historiques dominantes, c'est-à-dire, en l'espèce, au mode de
> production existant dans une formation sociale déterminée.

Mais, si « toute l'histoire humaine [est] commandée, en dernière instance, par le mode de production existant et par la transformation des modes de production », si l'histoire des hommes est dé-
terminée, si elle est asservie à ce qu'on pourrait appeler, pour paraphraser Épicure, le *destin* des économistes, de l'économie politique, où est leur capacité à agir, leur responsabilité dans l'histoire ?

Pressentant la difficulté, Althusser ajoute que, pour Marx, la dé-
marche révolutionnaire consiste à vouloir transformer le monde, et non pas simplement l'interpréter,[7] en saisissant, par la conscience, le moment où il faut s'insérer dans un processus nécessaire en vue de le transformer.[8] On voit apparaître une nuance subtile : il y a une nécessité de l'histoire, celle du mode de production ; le train de l'histoire avance sur des rails, mais on peut monter dans le train, au bon moment[9], et espérer courber ou infléchir la voie. C'est une subtilité, un peu acrobatique, qui nous fait sortir de la chute en ligne droite des atomes, comme disait le jeune Marx, vers l'avancée en ligne oblique du train de l'histoire.

---

5. Althusser dit auparavant : « Ce qui distingue peut-être la science nouvelle, qui se fonde avec Marx, des sciences anciennes, c'est que Marx est obligé, par l'objet même qu'il considère, de se livrer à une critique radicale de la philosophie, et en même temps de constituer une théorie de la philosophie qu'il rejette. Marx est obligé de rejeter la philosophie et est obligé de faire une théorie de la philosophie, car la philosophie est un des objets qui existent dans le domaine de l'histoire. »

6. Althusser insiste sur ce qui sera un de ses chevaux de bataille, l'idéologie spontanée des savants : « La philosophie de Marx est la seule philosophie qui prenne au sérieux cette réalité, c'est-à-dire qui dise à la science : " tu n'es pas une science toute nue, prends conscience de ce que tu es, prends conscience de ce dans quoi tu baignes et critique ce dans quoi tu baignes, critique l'idéologie dans laquelle tu baignes et donne-toi l'idéologie de ce que tu fais réellement, donne-toi l'idéologie de tes propres actes, de ta propre pratique ". »

7. En répétant Marx dans sa célèbre *XIe Thèse sur Feuerbach*.

«Matérialisme de la rencontre»

Vingt ans plus tard, Althusser va revenir sur ce matérialisme de cheminot. C'est qu'entre temps, le train de l'histoire a foncé pour aller se fracasser sur le mur de Berlin, et un monde, celui du communisme radieux annoncé par les orthodoxes, va s'effondrer avec lui.

Vingt ans plus tard, revenu de la tragédie de sa vie, avec une lucidité brûlante, Althusser rédige un texte qu'on a retrouvé après sa mort dans ses papiers[10]:

> Ce livre porte sur un thème profond qui court à travers toute l'histoire de la philosophie, et qui a été aussitôt combattu et refoulé qu'il y a été énoncé : la "pluie" (Lucrèce) des atomes d'Épicure qui tombent parallèlement dans le vide, la "pluie" du parallélisme des attributs infinis chez Spinoza, et bien d'autres encore, Machiavel, Hobbes, Rousseau, Marx, Heidegger aussi et Derrida»[11].

Quel peut être le fil conducteur dans cette philosophie, la filiation, au sein de cette lignée de philosophes en apparence plutôt éclectique ? Il s'agit, pour Althusser, de

> l'existence d'une tradition matérialiste presque complètement méconnue *dans l'histoire de la philosophie : le " matérialisme " (il faut bien un mot pour la démarquer en sa tendance)* de la pluie, de la déviation, de la rencontre et de la prise.

On retrouve ici tout le contexte du *clinamen* : la pluie, c'est la chute en ligne droite des atomes ; la déviation, c'est le *clinamen* ; la rencontre, c'est la génération des corps ; la prise, c'est le moment où les corps forment des mondes viables.

---

8. «Il s'agit de ne pas rater le train de l'histoire, il faut monter dans le train au bon moment. Il faut savoir à quel moment s'insérer dans un processus, dans un processus nécessaire. On ne peut pas s'insérer n'importe où, n'importe comment, et à n'importe quelles conditions. Penser toutes ces conditions, les réaliser, c'est cela la conscience que Marx appelle, et c'est cela la conscience dont il attend justement cette accélération des mouvements de l'histoire et de la nécessité de l'histoire. C'est cela transformer le monde : c'est s'insérer dans sa transformation de façon consciente, pour en hâter l'échéance.»

9. Cette idée de «monter dans le train en marche» rappelle le *kairós* grec, le moment opportun, qu'on trouve chez Aristote notamment, et qu'Épicure récuse, car l'action ne peut s'en remettre à lui, qui est une autre forme du destin. Voir Alain GIGANDET, *Le hasard des atomistes*, in *Autour d'Althusser*, éd. Le Temps des Cerises, Paris, 2012, p. 89.

10. Louis Althusser, *Le courant souterrain du matérialisme de la rencontre* (1982), publié par François Matheron dans *Écrits philosophiques et Politiques*, tome I, Stock, Paris, 1994, pp. 553 et suiv.

11. *Ouv. cit.* p. 553.

Décortiquant la déclinaison chez Lucrèce[12], Althusser, stupéfait[13] en découvre les ultimes conséquences philosophiques :

> Ce qui implique qu'avant le monde il n'y eût rien, et en même temps que tous les éléments du monde existassent de toute éternité avant qu'aucun monde ne fût. Ce qui implique aussi qu'avant la formation du monde aucun Sens n'existait, ni Cause, ni Fin, ni Raison ni déraison. La non-antériorité du Sens est une thèse fondamentale d'Épicure, en quoi il s'oppose aussi bien à Platon qu'à Aristote.[14]

Mais pour que la déclinaison donne naissance à un monde, il faut que la rencontre dure et qu'elle devienne ainsi la base du sens et de la nécessité du monde. Mais, aussi bien, la rencontre peut ne pas durer (*demain, la bataille navale peut ne pas avoir lieu, ni la Révolution allemande*).[15] Et Althusser ajoute :

> Qui plus est, on voit que la rencontre ne crée rien de la réalité du monde, qui n'est qu'atomes agglomérés, mais qu'elle donne leur réalité aux atomes eux-mêmes qui sans la déviation et la rencontre ne seraient rien que des éléments abstraits, sans consistance ni existence. Au point qu'on peut soutenir que l'existence même des atomes ne leur vient que de la déviation et de la rencontre avant laquelle ils ne menaient qu'une existence fantomatique.

On se souvient des propos du jeune Marx :

> En continuel mouvement, plutôt qu'exister, monades aussi bien qu'atomes, disparaissent dans la ligne droite ; ainsi la solidité de l'atome n'est nullement présente tant qu'il sera conçu uniquement comme tombant en ligne droite.

12. « Le *clinamen*, c'est une déviation infinitésimale, "aussi petite que possible", qui a lieu "on ne sait où ni quand, ni comment", et qui fait qu'un atome "dévie" de sa chute à pic dans le vide, et, rompant de manière quasi nulle le parallélisme sur un point, provoque une rencontre avec l'atome voisin et de rencontre en rencontre un carambolage, et la naissance d'un monde, c'est-à-dire de l'agrégat d'atomes que provoquent en chaîne la première déviation et la première rencontre. ». *Ibid*. p. 555.

13. « Que l'origine de tout monde, donc de toute réalité et de tout sens soit due à une déviation, que la Déviation et non la Raison ou la Cause soit l'origine du monde, donne une idée de l'audace de la thèse d'Épicure » *Ibid*. p. 555. On pourrait même suggérer que le *clinamen* est le *big-bang* du matérialisme de la rencontre, moment épistémologique contingent indispensable à la création du monde après le chaos, mais qu'on ne saurait jamais atteindre, pas plus qu'on ne saura jamais atteindre le *big-bang* de Lemaître dans sa théorie cosmologique.

14. *Ibid*. p. 555. On peut, à bon droit, avancer qu'Althusser a pu lire Lucrèce à travers M. Conche, son *Lucrèce et l'expérience*, par exemple : « La déviation se produit, dit Lucrèce, "en un temps, en un lieu que rien ne détermine" (II, 292-3). Comment en serait-il autrement ? L'atome est sans lien avec quoi que ce soit. L'action de la cause de déviation éternellement inhérente à l'atome n'est donc liée à aucune condition extérieure. Les faits ne sauraient donc être insérés dans aucune chaîne causale. Où et quand se produit-il ? Cela est indéterminé et indéterminable mais le principe de causalité n'en est pas pour autant contredit, car, comme tel, il n'implique pas que toute cause doive produire son effet sous des conditions de lieu et de temps. [...] La déviation ne se produit pas de façon permanente, elle est

La philosophie dès lors n'est plus que constat, elle n'est même plus cette idéologie qui baigne le savant observant les faits, elle est une théorie de la contingence, de la soumission de la nécessité à la contingence[16]. Mais qu'est devenue «la science marxiste» après un tel constat? Althusser le dit d'entrée de jeu:

> [le] matérialisme de la rencontre, donc de l'aléatoire et de la contingence, s'oppose comme une tout autre pensée aux différents matérialismes recensés, y compris au matérialisme couramment prêté à Marx, à Engels et à Lénine, qui, comme tout matérialisme de la tradition rationaliste est un matérialisme de la nécessité et de la téléologie, c'est-à-dire une forme transformée et déguisée de l'idéalisme.[17]

Il en devient même très sévère à l'égard de ce marxisme orthodoxe:

> Lorsque Marx et Engels diront que le prolétariat est "le produit de la grande industrie", ils diront une grande sottise, se situant *dans la logique du fait accompli de la reproduction élargie du prolétariat*, et non, dans la logique aléatoire de la rencontre qui produit (et non reproduit) en prolétariat cette masse d'hommes.[18]

totalement indépendante des déviations passées, elle n'est liée par aucune règle avec les séries cinétiques déterminées par la pesanteur ou le choc. Bref, il s'agit d'une causalité sans loi. Mais le principe de causalité n'exige aucunement que la cause engendre les faits selon une loi, c'est-à-dire produisent un effet en fonction de la façon dont elle a produit les effets précédents.», p. 81.

15. «Pour que la déviation donne lieu à une rencontre, dont naisse un monde, il faut qu'elle dure, que ce ne soit pas une brève rencontre, mais une rencontre durable qui devient alors la base de toute réalité, de toute nécessité, de tout Sens et de toute raison. Mais la rencontre peut aussi ne pas durer, et alors il n'est pas de monde». *Ibid.* p. 555. Là aussi le rapprochement avec la leçon de M. Conche peut être établi: «Ce dont le finalisme et le providentialisme ne peuvent rendre compte, c'est de cette conception des choses. Ils se donnent toujours l'avenir d'avance, comme si la nature n'était qu'une exécutante et non un champ infini d'initiatives. Ils escamotent le temps, alors que celui-ci n'a de réalité que par les événements mêmes et qu'il faut attendre pour savoir ce qui va arriver.» *Ibid.*, p. 83.

16. «Que devient dans ces circonstances la philosophie? Elle n'est plus l'énoncé de la Raison et de l'Origine des choses, mais théorie de leur contingence et reconnaissance du fait, du fait de la contingence, du fait de la soumission de la nécessité à la contingence, et du fait des formes qui "donnent forme" aux effets de la rencontre. *Elle n'est plus que constat: il y a eu* rencontre, et "prise" des éléments les uns sur les autres (comme on dit que la glace "prend"). Toute question d'Origine est récusée, comme toutes les grandes questions de la philosophie: «pourquoi y a-t-il quelque chose plutôt que rien? Quelle est l'origine du monde? Quelle est la raison d'être du monde? Quelle est la place de l'homme dans les fins du monde? Etc.». Je répète: quelle philosophie a, dans l'histoire, eu l'audace de reprendre de telles thèses?» *Ibid.* p. 556.

17. *Ibid.* p. 554.

18. *Ibid.* p. 586.

Non vraiment, une Révolution peut aussi ne pas se produire demain en France, mais elle peut aussi se produire demain par la rencontre d'éléments aujourd'hui encore indépendants.

Parlant de la notion de révolution dans la philosophie politique de Robespierre, G. Labica écrit :

> [La révolution] « est l'intervalle entre deux légalités, celle qui n'est plus et celle qui n'est pas encore. Elle est le surgissement de la liberté dans la nécessité, comme pesanteur historique ; de l'initiative dans la soumission et la passivité. Elle est l'affirmation de la volonté pour tous, pour le peuple, de faire l'histoire et de se comporter en sujets. Elle est l'insurrection des actes créateurs. Elle est [...] le produit d'une raison coextensive à la nature, une raison qui rétablit la nature dans ses droits. »[19]

La révolution serait une sorte de *clinamen* dans l'histoire, la contingence absolue de la nature à faire surgir des événements indéterminables entre deux périodes de pesanteur historique.

Althusser n'a pas évité drames de masses, ni tragédie individuelle. L'aurait-il pu en suivant la lecture d'Épicure par le jeune Marx, ou si celui-ci s'en était tenu à ses intuitions géniales de jeunesse ?

---

19. Georges LABICA, *Robespierre, une politique de la philosophie*, La Fabrique, Paris, 2013, p. 126, (1ère éd. 1990).

Jules Vuillemin, dans l'étude de 1984, évoquée au chapitre consacré aux critères de vérité épicuriens, à la fin de la section où il traite de l'intuitionnisme qu'il attribue à Épicure, ajoute un *ex cursus*[1] en direction du darwinisme, par-delà deux mille ans d'histoire des idées. À propos de la position à l'égard de la finalité qu'il a repérée chez Épicure, il affirme :

> Le plus grand disciple d'Épicure, Darwin, subordonne lui aussi le mécanisme (qu'on a appelé encore hasard et qui regarde les mutations héréditaires) à la finalité (qu'on a appelée aussi nécessité et qui regarde la conservation ou sélection des lignées mutantes). Sans la sanction que la nature apporte aux changements en les consacrant comme biologiquement adaptés et utiles, ces changements ne laisseraient pas de trace et il n'y aurait pas d'évolution. Mais comment constatons-nous l'utilité et la finalité de la sélection naturelle ? On avance deux critères : la fécondité et l'extension écologique. Mais ces critères sont les signes extérieurs auxquels nous reconnaissons ce que la vie a jugé utile. C'est à partir d'eux que nous induisons qu'une mutation aura été utile. En revanche, nous ne comprenons rigoureusement pas la nature interne de cette finalité. Nous ne connaissons que les mécanismes. Mais nous concluons aux finalités par la présence des signes : prolifération ou disparition d'une espèce.

Avant d'examiner la conception que se fait Vuillemin de la théorie de l'évolution chez Darwin, les liens qu'ils tissent avec l'épicurisme, et les conséquences que ces liaisons peuvent révéler de sa vision de l'épicurisme même, prenons le temps de rappeler comment est synthétisée la théorie de l'évolution selon le darwinisme d'aujourd'hui.

La théorie synthétique de l'évolution

Patrick Tort[2] pour résumer la « théorie synthétique de l'évolution » cède la parole à son théoricien le plus célèbre, Ernst Mayr[3], qui énumère ses caractères :

1. Jules Vuillemin, *Nécessité ou contingence, l'aporie de Diodore et les systèmes philosophiques*, Paris, Éditions de Minuit, 1984, pp. 223-224.
2. Patrick Tort, *Darwin et le darwinisme*, Que sais-je ?, PUF, 2005, pp. 114-115.
3. Ernst Mayr, art. *Théorie synthétique de l'évolution*, du *Dictionnaire du darwinisme et de l'évolution*, Paris, PUF, 1996.

• l'hérédité est particulière (non mélangeante) et d'origine exclusivement génétique (pas d'hérédité des caractères acquis) ;
• il y a une énorme variabilité dans les populations naturelles ;
• l'évolution se déroule dans des populations distribuées géographiquement ;
• l'évolution procède par modification graduelle des populations ;
• les changements dans les populations sont le résultat de la sélection naturelle ;
• les différences observées entre des organismes sont, pour une grande part, des adaptations ;
• la macro-évolution n'est que la prolongation avec le temps de ces mêmes processus qui contrôlent l'évolution des populations.

L'acceptation de ces idées nécessitait la réfutation des trois théories anti-darwiniennes les plus répandues : saltationnisme[4] , lamarckisme[5] et orthogenèse[6] ...

La sélection naturelle fut considérée comme un processus en deux temps. Dans le premier temps, une quantité considérable de variation génétique est produite par mutation et recombinaison, tandis que le second temps, la sélection, au sens restreint, consiste en la survivance et la reproduction des quelques individus les mieux adaptés.

On peut rapprocher les visions de la théorie darwinienne par Vuillemin et Mayr à l'aide du tableau de la page suivante :

Ainsi, pour l'un et l'autre, deux temps sont bien distingués, celui de la variation, puis celui de la sélection. **Au premier temps**, tandis que Vuillemin parle de mutations héréditaires aléatoires, un mécanisme qu'il assimile au hasard, Mayr dit que :

La variation génétique est aléatoire en ce sens qu'elle n'est ni induite par des conditions d'environnement spécifiques, ni une réponse aux besoins de l'organisme. Cependant, bien entendu elle est étroitement contrainte car il y a peu de degrés de liberté dans le type de variation génétique possible pour n'importe quelle sorte d'organismes à n'importe quel moment.

On notera, en passant, la proximité du dernier propos avec Lucrèce :

Le temps change en effet la nature du monde entier
et toute chose doit prendre un état après l'autre.
Rien ne demeure semblable, tout se transforme.

---

4. Théorie qui dit que les évolutions ne se produisent pas graduellement par sélection de petites variations, mais par émergence soudaine, dans une génération, de qualités nouvelles à l'occasion de sauts brusques, entre deux périodes de stabilité, et qui a été infirmée par la découverte des temps géologiques longs.
5. Théorie qui affirme que l'hérédité des habitudes ou des caractères acquis est condition du changement évolutif, et qui a été grandement infirmée par la génétique du début du XXᵉ siècle, mais qui connaît aujourd'hui un certain regain.
6. Théorie de l'évolution rectilinéaire dirigée, avec ou sans finalisme, qui est infirmée par la théorie de l'évolution buissonnante, où certains rameaux sont des impasses sans descendance.

	DARWINISME SELON VUILLEMIN 1987	THÉORIE SYNTHÉTIQUE DE L'ÉVOLUTION MAYR, 1996
TEMPS 1 LA VARIATION	La variation est le mécanisme qui regarde les mutations héréditaires, appelé encore hasard	Une quantité considérable de variation génétique est produite par mutation et recombinaison, aléatoire ; la variation n'est ni induite par l'environnement, ni une réponse aux besoins, mais contrainte par peu de degrés de liberté
TEMPS 2 LA SÉLECTION	La sélection est la finalité qui regarde la conservation des lignées mutantes, appelée encore nécessité, conservant les changements biologiquement adaptés et utiles. Elle est avérée par la fécondité (le nombre des individus d'une espèce) et l'extension écologique (l'ère géographique occupée par l'espèce), *i. e.* l'utilité des mutations	La sélection, au sens proprement dit, restreint, est la survivance et la reproduction des quelques individus les mieux adaptés. Elle n'est ni un processus finalisé ni un processus déterministe. Elle utilise les variations disponibles qui seraient les plus utiles. Elle produit des adaptations aux changements de l'environnement.

La nature altère, modifie toute chose.[7]
[...] les espècesqui poussent encore à profusion,
les herbes, les céréales et les arbres fertiles,
nepeuvent cependant se former pêle-mêle,
mais toute chose procède selon son propre rite
et par une loi naturelle garde ses différences.[8]

Cette loi naturelle, cette mécanique, dirait Vuillemin, ce sont les *foederae naturae* qui en limitent les degrés de liberté. À cette référence, on pourrait en ajouter une autre si l'on rapproche l'observation suivante de Mayr :

> le pluralisme, c'est-à-dire le fait de trouver plusieurs solutions différentes aux mêmes besoins adaptatifs d'un organisme, est tout à fait caractéristique de l'évolution darwinienne,

à l'exigence d'Épicure concernant les hypothèses multiples pour expliquer les phénomènes naturels cachés, car trop petits ou trop lointains. Mayr ajoute :

7. *DNR*, V, 828-831.
8. *DNR*, V, 920-924.

> La sélection naturelle utilise toujours les variations disponibles dans le géno-
> type qui seraient les plus utiles. Comme l'a dit François Jacob, l'évolution
> « bricole ». Cependant à tous les changements de l'environnement (arrivée de
> nouveaux ennemis, ouverture de nouvelles niches, apparition de nouveaux
> organismes pathogènes, etc.), il est répondu par des changements adaptatifs.

Au deuxième temps, celui de la sélection prorpement dite, tandis que Vuillemin parle de finalité, qu'il assimile à la nécessité et
qui, selon lui, regarde la conservation des lignées mutantes, Mayr
dit très nettement que :

> la sélection, au sens restreint, consiste en la survivance et la reproduction
> des quelques individus les mieux adaptés.

Tandis que Vuillemin prétend que

> sans la sanction que la nature apporte aux changements en les consacrant
> comme biologiquement adaptés et utiles, ces changements ne laisseraient
> pas de trace et il n'y aurait pas d'évolution,

Mayr poursuit :

> La sélection n'est ni un processus finalisé ni un processus déterministe, mais
> elle est influencée aux deux étapes par des processus stochastiques (hasard).

On voit que, du point de vue de la théorie synthétique de l'évolution, Vuillemin commet deux erreurs complètes. Première erreur :
il met de la finalité dans l'évolution, c'est-à-dire de la nécessité dans
les changements biologiques, là où la théorie synthétique de l'évolution dit que la reproduction des quelques individus les mieux
adaptés n'est ni un processus finalisé, ni déterministe, mais aléatoire.

Deuxième erreur, Vuillemin, hypostasiant l'évolution, déclare
qu'elle sanctionne les changements, là où la théorie synthétique de
l'évolution dit que les variations génétiques produites par mutation
et recombinaison sont aléatoires, car elles ne sont ni induites par
l'environnement, ni une réponse aux besoins. Peut-on faire crédit[9]
à Vuillemin que la théorie synthétique est peu connue en 1984, et
qu'il s'en tient à la lecture de Darwin ? Allons voir.

L'origine de la théorie chez Darwin

Pour ce retour, nous reproduisons le schéma de la page suivante
que nous empruntons à Patrick Tort.[10] Au bout de vingt ans d'ob-

---

9. En lui faisant crédit d'avoir lu Darwin de « première main », ce qui n'est pas ga-
ranti quand on observe ses références épicuriennes (*supra* ses lectures des critères
de vérité au chapitre qui leur est consacré).
10. Patrick TORT, *L'Effet Darwin, Sélection naturelle et naissance de la civilisation*,
Éditions du Seuil, Paris, 2008, p. 21. On trouve la même analyse schématique dans
le *Que sais-je ?* cité, p. 40-42.

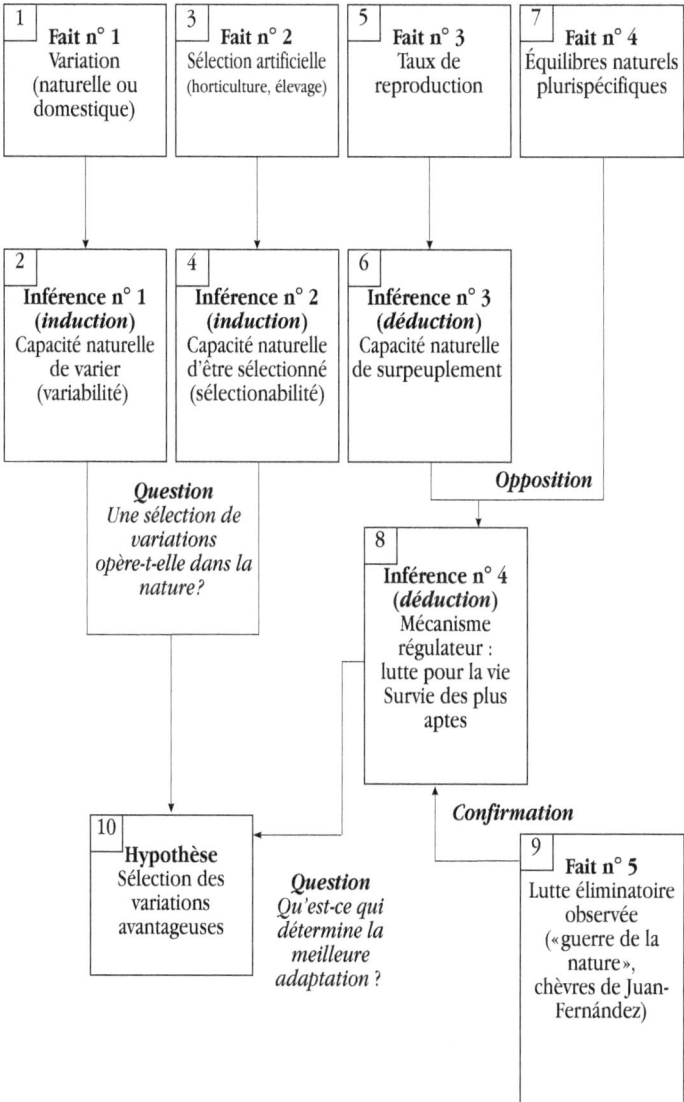

Schéma de Patrick Tort
présentant la théorie de la variation et de la sélection
suivant *L'Origine des espèces* de Darwin

servations, Darwin, en cherchant à démontrer le transformisme, est convaincu que la variation est une donnée universelle du vivant, qui prouve, par induction, sa variabilité. Auparavant, la fréquentation des éleveurs et des horticulteurs lui a démontré l'efficacité de la sélection, dont, par une nouvelle induction, il tire la sélectionnabilité, c'est-à-dire la capacité naturelle du vivant d'être sélectionné. On note que variabilité et sélectionnabilité sont des capacités naturelles et non des volontés, des orientations de la Nature.

Des deux inductions, lui vient la question : une sélection de variation opère-t-elle dans la nature et quel en serait l'agent ? De sa lecture de l'*Essai sur le principe de population* de Malthus, Darwin retient que les organismes ont tendance à produire une surpopulation. Il en déduit une capacité naturelle de surpeuplement, limitée par un mécanisme régulateur qui rétablit les équilibres entre espèces, qui s'oppose à la prolifération.

Darwin observe que ce mécanisme éliminatoire est la lutte pour l'existence (« *struggle for life* »), favorisant la survie de ceux qui sont les mieux armés pour faire face à leur environnement. À la question : « qu'est-ce qui détermine la meilleure adaptation ? », l'opinion, que Darwin formule en forme d'hypothèse, est que la lutte pour la vie sélectionne les individus porteurs des variations avantageuses dans un contexte donné, transmissibles dans les mêmes conditions de milieu. Il dit :

> C'est à cette conservation des variations favorables et à la destruction de celles nuisibles, que j'ai appliqué le nom de « sélection naturelle » ou de « survie des plus aptes ».[11]

Ayant reconnu la sélection naturelle chez Darwin, Vuillemin pose benoitement la question :

> Mais comment constatons-nous l'utilité et la finalité de la sélection naturelle ?

Benoitement, car insidieusement il introduit deux notions – l'utilité et la finalité de l'évolution – qui ne sont pas chez Darwin, et auxquelles sa théorie justement s'oppose. Et Vuillemin d'y apporter ses réponses : « *On avance deux critères : la fécondité et l'extension écologique* ».

Dans la forme, nous retrouvons ce que Patrick Tort a nommé le fait n° 3 (taux de reproduction) et le fait n° 4 (équilibres naturels plurispécifiques), mais quand Darwin en déduit dans un premier temps la capacité naturelle de surpeuplement, puis, par opposition avec l'équilibre naturel des espèces sur un territoire, le mécanisme du *struggle for life*, Vuillemin renverse entièrement la logique :

11. L'*Origine des espèces*, chapitre IV.

ces critères sont les signes extérieurs auxquels nous reconnaissons ce que la vie a jugé utile. C'est à partir d'eux que nous induisons qu'une mutation aura été utile.

Ce qui lui importe, c'est de retrouver une finalité consacrée par la présence de signes[12]. Ce que Vuillemin ne veut pas voir, c'est l'absence de finalité dans la théorie de l'évolution chez Darwin, comme si cette absence-ci renvoyait et confirmait cette absence-là chez Épicure. Ce que Vuillemin cherche à montrer en imposant une finalité, c'est que :

> En revanche, nous ne comprenons rigoureusement pas la nature interne de cette finalité. Nous ne connaissons que les mécanismes. Mais nous concluons aux finalités par la présence des signes : prolifération ou disparition d'une espèce.

Abandonnant le domaine de la théorie darwinienne, où il ne se sent pas chez lui, Vuillemin conclut :

> Ainsi, malgré la subordination ontologique du mécanisme à la finalité, le darwinisme maintient la subordination épistémologique de la finalité au mécanisme. Tout ce que nous savons de celle-là, ce sont des signes, tirés de celui-ci, qui nous l'apprennent. Nous n'entrons pas au conseil de la nature.

Et il en vient finalement où il voulait en venir, sur un terrain où il se sent à l'aise, celui de la métaphysique analytique et spéculative, poursuivant ainsi :

> Il en va de même dans le système de Descartes. La liberté divine est ontologiquement subordonnée à la perfection de Dieu, mais épistémologiquement l'insondabilité demeure qui fait que j'ai à croire que ce qui est obéit à une fin parce qu'il est la créature de Dieu et non pour quelque perfection intrinsèque que je pourrais lire en lui.

Il y retrouve les argumentations d'usage de Cicéron, de Fénelon sur la perfection de la divinité, l'impossibilité de connaître ses œuvres, les fondements de la finalité et de la providence.

Épicurisme et Darwinisme

Darwin était-il adepte de l'épicurisme ? Sa pratique et sa connaissance de l'horticulture n'en font pas automatiquement un disciple du Jardin, pas plus que son ascendance avec Erasmus Darwin, grand-père médecin, botaniste, partisan du transformisme, francmaçon, dont les œuvres seront mises à l'index, et qui a peut-être flirté avec l'atomisme de Lucrèce.

Tentons ici une expérience – anachronisme à l'envers – en substituant au schéma logique de l'élaboration de la théorie de l'évolu-

---

12. Il l'avait annoncé d'entrée de jeu : [la finalité visible de la création] « rappelle la position d'Épicure à l'égard de la finalité. », ouv. cit. p. 223.

1 Signe n° 1
évidence :
variation

3 Signe n° 2
évidence :
sélection artificielle

5 Signe n° 3
évidence :
taux de
reproduction

7 Signe n° 4
évidence :
équilibres naturels

2 Inférence n° 1
(*attestation*)
notion : variabilité

4 Inférence n° 2
(*attestation*)
notion :
sélectionabilité

6 Inférence n° 3
(*non-contestation*)
concept :
capacité de
surpeuplement

infirmation

Opinion
Une sélection de
variations
opère dans la
nature

8 Inférence n° 4
(*non-contestation*)
concept :
lutte pour la vie
survie des plus
aptes

confirmation

10 Théorie
doxa
la sélection des
variations
avantageuses

Opinion
Il existe un
principe de
meilleure
adaptation

9 Signe n° 4
évidence :
lutte éliminatoire
observée

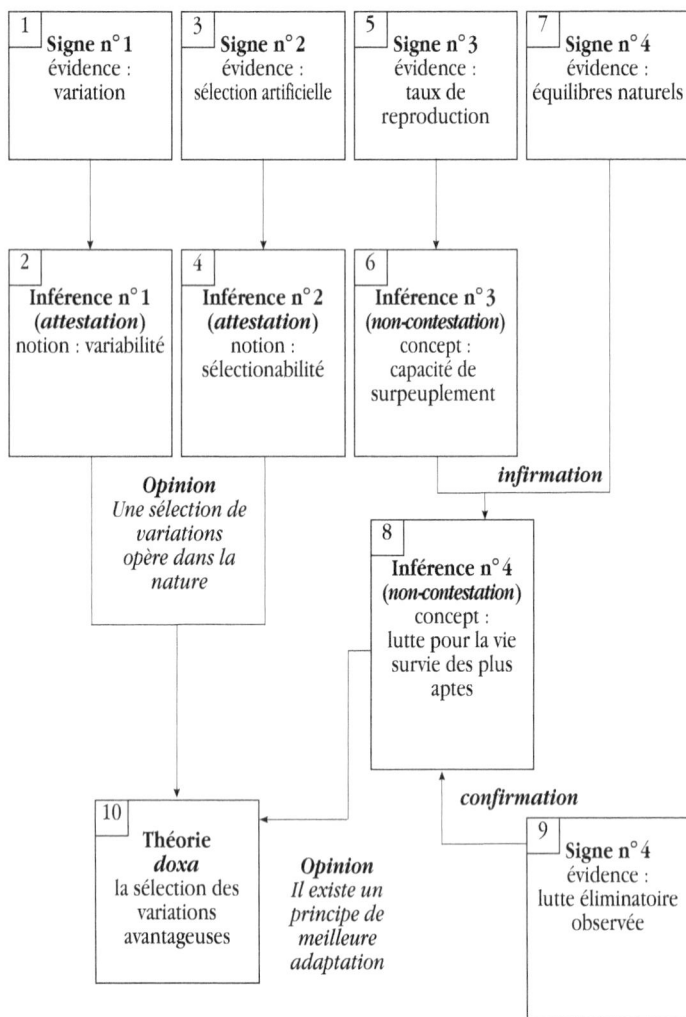

Schéma théorique de la variation et de la sélection
dans les termes de la canonique épicurienne

tion par Darwin suivant Patrick Tort, les notions que nous avons rencontrées au chapitre consacré aux critères de vérité épicuriens. Voir, page précédente, le schéma ainsi adapté.

Dans un premier temps, à partir de signes évidents de la variation et de la sélection des individus au sein d'une espèce appréhendés tout au cours de son voyage et au long de sa fréquentation des éleveurs et horticulteurs, Darwin forme, par inférence, les notions de variabilité et de sélectionnabilité.1831-1836 sont les années du voyage à bord du *Beagle*, au cours duquel il fait l'expérience de la nature.

En 1838, l'année de sa lecture de Malthus, Darwin, entrant dans la période de réflexion théorique, confronte le concept de capacité de surpeuplement inféré validement à partir de l'évidente propension à la reproduction élevée des espèces, – validement car contestée par aucune observation contraire –, avec l'évident équilibre naturel des espèces entre elles sur une même aire écologique. Ce rééquilibrage cantonne les espèces, c'est-à-dire infirme l'effet de progression géométrique du surpeuplement, qui serait sinon sans limites.

Métaphoriquement, poursuivons l'enchaînement logique de Darwin en suivant la canonique épicurienne. Darwin forme, dans un deuxième temps, deux opinions à partir des notions et concepts générés par ses observations : 1° une sélection de variations opère dans la nature ; 2° il existe un principe de meilleure adaptation. Ces opinions sont avérées soit par confirmation d'un signe évident (la lutte éliminatoire observée chez les chèvres de Juan-Fernández), soit par non-contestation d'un principe explicatif, comme le vide explique le mouvement (le *struggle for life*, la survie des plus aptes). Finalement se trouve validée la théorie (*dóxa*, vérité d'une connaissance rendue possible) de la sélection des variations avantageuses.

Si, par cet exercice certes artificiel, nous n'avons en rien prouvé que Darwin était disciple d'Épicure, on nous accordera que leurs démarches gnoséologiques s'accordent au pas du refus de toute finalisme, de tout providentialisme, ce qui disqualifie tout déterminisme, tout mécanicisme, y compris dans la sphère des sociétés humaines, contrairement à l'exploitation politique que Spencer et Galton tenteront d'imposer à partir de leur interprétation de la théorie de Darwin. Celui-ci le dit nettement :

> Si importante qu'ait été, et soit encore, la lutte pour l'existence, cependant, en ce qui concerne la partie la plus élevée de la nature de l'homme, il y a d'autres facteurs plus importants. Car les qualités morales progressent, directement ou indirectement, beaucoup plus grâce aux effets de l'habitude, aux capacités de raisonnement, à l'instruction, à la religion, etc., que grâce à la sélection naturelle ; et ce, bien que l'on puisse attribuer en toute assurance à ce dernier facteur les instincts sociaux, qui ont fourni la base du développement du sens moral.[13]

Le mouvement civilisationnel évolue chez Darwin ainsi :

→ lutte pour l'existence (compétition biologique) ;

→ sélection naturelle de variations organiques et d'instincts (élimination des moins aptes) ;

→ sélection des instincts sociaux et accroissement des capacités mentales (protection des moins aptes, sympathie) ;

→ sens moral (sentiments affectifs, solidarité, avantages cognitifs et rationnels) ;

→ civilisation (élimination de l'élimination, valorisation des conduites solidaires, loi morale).

À la liste des penseurs portés par le courant souterrain du matérialisme de la rencontre – Lucrèce, Machiavel, Spinoza, Hobbes, Rousseau, Marx, Heidegger, Derrida – Louis Althussser aurait bien pu ajouter Darwin.

Si Jules Vuillemin nous a conduit jusque là, bien malgré lui, qu'il lui en soit rendu grâce.

---

13. Darwin, *La Filiation de l'Homme*, Paris, Syllepse, 1999, chapitre 21, pages 739-740, citation reprise de l'ouvrage de P. Tort, dont nous reprenons aussi le déroulé du mouvement civilisationnel.

UNE RÉCEPTION MÉTAPHYSIQUE

Dans son *Essai sur la nécessité de la contingence*,[1] Quentin Meillassoux évoque le *clinamen* :

> Le hasard suppose [...] toujours une forme de constance physique : loin de permettre de penser la contingence des lois physiques, il n'est lui-même qu'un certain type de loi physique, une loi dite indéterministe. Ainsi, on voit bien chez Épicure lui-même que le *clinamen* la petite déviation aléatoire des atomes, présuppose l'immutabilité des lois physiques : la forme spécifique des atomes (atomes lisses, crochus, etc.), le nombre de leurs espèces, le caractère insécable de ces unités physiques élémentaires, l'existence du vide, etc. – tout cela n'est jamais modifié par le *clinamen* lui-même, puisqu'il s'agit des conditions mêmes de son effectuation.[2]

Pourquoi cette réfutation, en apparence banale, du *clinamen*, attribué à Épicure, est-elle évoquée ? Elle est censée écarter une réponse erronée à l'argument nécessitariste[3], réponse,

> qui [consiste] à montrer en quoi l'existence durable de notre monde peut bien être l'effet du seul hasard. Son principe est le même que celui par lequel les épicuriens expliquent l'existence apparemment finalisée des êtres vivants : on compare l'émergence des organismes les plus complexes à un résultat aussi improbable que désiré (celui, par exemple, qui aboutirait à l'écriture de *L'Iliade* à partir d'un lancer hasardeux de lettres sur une surface donnée), résultat qui devient pourtant conforme aux lois du hasard si on se donne un nombre d'essais lui-même suffisamment immense. On répondra de même à l'objection probabiliste précédente que, notre monde, en sa structure hautement ordonnée, peut être le résultat d'un nombre gigantesque d'émergences chaotiques, ayant fini par se stabiliser pour configurer notre Univers.[4]

La bonne réponse à l'argument nécessitariste sera celle de la métaphysique spéculative de Quentin Meillassoux :

> notre réponse à l'objection nécessitariste doit permettre de concevoir un monde dépourvu de toute nécessité physique qui soit compatible avec le fait de la stabilité des lois. Il nous faut donc mobiliser un argumentaire qui ne re-

---

1. Quentin MEILLASSOUX, *Après la finitude, Essai sur la nécessité de la contingence*, Seuil, Paris, 2006, 190 p.
2. *Pas. cit.* p. 148.
3. Lequel repose sur «la stabilité immensément improbable qu'est la durabilité des lois de la nature, et l'envers subjectif de cette durabilité qu'est la conscience d'un sujet capable de sciences». *Ibid.* p. 147.
4. *Ibid.* p. 147.

doublera à aucun moment la nécessité purement logique de la non-
contradiction [...] d'une nécessité réelle, c'est-à-dire d'une nécessité instaurant un principe de préférence entre options également concevables.

La réponse

ne doit donc pas consister à démontrer que la stabilité du monde est
conforme aux lois du hasard : elle doit bien plutôt montrer que la
contingence des lois naturelles est inaccessible au raisonnement aléatoire.
Contrairement à une réponse de type épicurien, nous ne devons pas, en effet, accorder à notre objecteur [celui qui tient pour le nécessitarisme] la légi-
timité de son raisonnement, pour tenter ensuite de l'accorder à l'expérience
effective. Non, nous devons disqualifier ce raisonnement lui-même, en
montrant qu'il utilise indûment les catégories du hasard et de la probabilité
en dehors de leur champ légitime d'application. [...] Autrement dit, nous devons élaborer un concept de contingence des lois qui se distingue essentiel-
lement du concept de hasard.[5]

Dès lors, la bonne réponse repose sur un nouveau principe : « le
principe d'irraison ». Qu'est-ce à dire ? Négativement il s'oppose au
principe de raison, formulé à partir de la preuve ontologique[6],
pour la première fois par Leibniz, mais déjà à l'œuvre chez
Descartes,

qui veut que toute chose, tout fait, tout événement, doit avoir une raison
nécessaire d'être ainsi plutôt qu'autrement.

Mais,

si une telle « raison du monde » était fournie, il faudrait encore rendre raison
de cette raison, et ainsi de suite. La pensée, si elle veut éviter une régression
à l'infini tout en se soumettant au principe de raison, se doit donc d'aboutir
à une raison capable d'être raison de toute chose, y compris d'elle-même.
[...]

Ainsi,

l'échec du principe de raison, dans cette perspective, provient alors, très simplement, de la fausseté – et même de la fausseté absolue – d'un tel principe :
car rien, en vérité, n'a de raison d'être et de demeurer ainsi plutôt qu'autrement – pas plus les uns que les choses du monde que les choses du monde. Tout peut très
réellement s'effondrer – les arbres comme les astres, les astres comme les
lois, les lois physiques comme les lois logiques. Cela non en vertu d'une loi
supérieure qui destinerait toute chose à sa perte, mais en vertu de l'absence
d'une loi supérieure capable de préserver de sa perte quelque chose que ce
soit.[7]

Positivement, le principe d'irraison se décline en deux formules :

L'interprétation faible du principe d'irraison se formule ainsi : dire que la
contingence est nécessaire, c'est dire que si quelque chose est, alors il doit

5. *Ibid*. p. 149.
6. « C'est parce que Dieu a pour essence d'être parfait qu'il doit nécessairement
exister. » *Ibid*. p. 57-58.
7. *Ibid*., p. 85.

> être contingent. L'interprétation forte, en revanche, soutiendrait ceci : dire que la contingence est nécessaire, c'est dire et que les choses doivent être contingentes, et qu'il doit y avoir des choses contingentes.[8]

Ce nouveau principe dans l'histoire de la philosophie découle d'une découverte de Badiou, «celle par laquelle il soutient – au travers de ses prescriptions propres – la portée ontologique du théorème de Cantor[9], de façon à dévoiler la pensabilité mathématique de la détotalisation de l'être-en-tant-qu'être »[10] :

> Nous savons, en effet, et cela depuis la révolution cantorienne de l'ensemblisme, que rien ne nous permet d'affirmer de la sorte que le concevable soit nécessairement totalisable. Car un élément essentiel de cette révolution a constitué dans la détotalisation du nombre.[11]

Ainsi, le raisonnement aléatoire, qui présupposait l'idée de totalité numérique, est disqualifié, notamment lorsqu'il est appliqué à l'Univers en son entier, et avec lui celle de réalités concevables. De sorte que, comme annoncé en début de démonstration, «la réfutation de l'implication fréquentielle [a] montré que la contingence des lois naturelles est inaccessible au raisonnement aléatoire»[12] et que, in fine, il n'y a pas de «nécessité instaurant un principe de préférence entre options également concevables»[13]. On aurait, au terme de la démonstration, anéanti, entre autres, les fondements épistémologiques et ontologiques qui soutiennent la conception épicurienne des phénomènes dans l'Univers, et, en passant, le *clinamen*, cette «petite déviation aléatoire».

On a vu que la démonstration de Quentin Meillassoux repose, dans son originalité, sur la découverte d'Alain Badiou, suivant qui « c'est par le biais même des mathématiques que nous parviendrons à penser enfin ce qui, par sa puissance de nouveauté, déroute les quantités et sonne les fins de partie.»[14] Autrement dit, il

---

8. *Ibid.*, p. 111.
9. Voici la définition du théorème de Cantor suivant Meillassoux : « Intuitivement, ce que l'on nomme le «théorème de Cantor» énonce en effet ceci : donnez-vous un ensemble quelconque, compter ses éléments – puis comparer ce nombre au nombre des regroupements possibles de ces éléments (par deux, par trois, etc., mais aussi les regroupements « par un », ou encore le regroupement «par tous», identique à l'ensemble en sa totalité). Vous obtiendrez alors toujours le résultat suivant : l'ensemble b des regroupements (ou parties) d'un ensemble a est toujours plus grand que a – a fut-il infini».
10. *Ibid.*, p. 153.
11. *Ibid.*, p. 153.
12. *Ibid.*, p. 149.
13. *Ibid.*, p. 148.
14. *Ibid.*, p. 161.

s'est agit d'

> absolutiser « le » mathématique, comme nous avons tenté d'absolutiser « le »
> logique, en saisissant à même le critère essentiel de tout énoncé mathéma-
> tique[,] une condition nécessaire de la contingence de tout étant.[15]

Une tentative qui réconcilie la métaphysique spéculative de
Meillassoux avec tout l'idéalisme originel, par le biais de

> Alain Badiou [qui] a réinvesti en profondeur les décisions inaugurales de la
> philosophie elle-même, car il n'est pas de scansion primordiale de la philoso-
> phie depuis Platon qui n'en soit passé par une recompréhension de son
> alliance originaire avec les mathématiques.[16]

On perçoit désormais pourquoi s'en prendre à Épicure, qui avait
refusé l'idéalisme de Platon teinté de pythagorisme, celui qui légiti-
mait la nécessité à l'œuvre dans la théologie astrale du cosmos ; qui
avait refusé aux Éléates et aux Mégarites que d'une nécessité logique on déduise une nécessité physique ; qui leur avait contesté la
vérité absolue du principe de bivalence, de non-contradiction, en
préservant, grâce à la déviation des atomes (la *parégklisis*), la possibilité des futurs contingents.

En dernier ressort, ce à quoi s'attaque Meillassoux, c'est à cet

> épicurisme – paradigme de tout matérialisme – qui prétend que la pensée
> peut accéder, via les notions de vide et d'atome, à la nature absolue de toutes
> choses, et qui prétend que cette nature n'est pas nécessairement corrélée à
> un acte de pensée, puisque la pensée n'existe quant à elle que de façon aléa-
> toire, à même des composés atomiques contingents (les dieux eux-mêmes
> sont sécables), c'est-à-dire non-essentiels à l'existence des natures élémen-
> taires.[17]

Ce que Meillassoux veut écarter, c'est le matérialisme, en tant
qu'il menace les spéculations de sa métaphysique.

Mais, pour en finir avec ces thèses prétendument nouvelles, ar-
rêtons-nous un instant sur la dernière parenthèse de notre métaphysicien spéculatif : « les dieux sont eux-mêmes sécables ». Pour la
soutenir, il en appelle, en note, à l'autorité académique :

> Sur le fait que les dieux eux-mêmes (donc des êtres pensants en général),
> quoique dits impérissables par Épicure, doivent être pensés comme en droit
> destructibles, au contraire des natures élémentaires, cf. Marcel Conche.

---

15. *Ibid.*, p. 187.
16. *Ibid.*, p. 154.
17. *Ibid.*, p. 62.

Mais , précisément, qu'en dit Marcel Conche?

Pour Épicure, il faut

rompre également avec **la religion savante des Platoniciens**, pour qui l'ordre du ciel et la régularité du mouvement des astres – récemment démontré par l'astronomie mathématique – prouve que les astres sont doués d'âmes intelligentes, et sont des vivants immortels, c'est-à-dire des dieux.[18]

Si l'on s'en tient à la *koinề nóêsis*, qui se fonde toute sur les données immédiates de la quasi-sensibilité mentale, les dieux sont incorruptibles – donc impérissables, immortels – et bienheureux, leur bonheur étant lié à leur incorruptibilité puisqu'il n'éprouvent par la crainte de la mort et sont assurés de rester indéfiniment dans leur état heureux.

[...] Si les dieux ne meurent pas, c'est évidemment que les pertes atomiques sont toujours exactement compensées. Les échanges entre le corps du dieu (ce corps qui est le dieu) et le vide peuplé extérieur, sont parfaitement équilibrés, et, en ce qui concerne la structure du dieu, l'intervalle moyen de libre parcours des atomes est constant. Or il n'y a rien d'impossible, ni même d'étonnant, à ce qu'il en soit ainsi, dès lors que les dieux vivent dans le vide intercosmique peuplé d'atomes libres. [...] Les dieux n'ayant ni croissance ni déclin, leur forme et leur grandeur sont toujours les mêmes ; seule la matière dont ils sont faits se renouvelle continuellement. Les dieux sont impérissables car le milieu dont ils font partie reste toujours égal à lui-même. **Ils sont, peut-on dire, les plus belles réussites du hasard.** L'immutabilité des dieux reflète l'immutabilité des lois du hasard.[19]

Non seulement, Marcel Conche dit l'exact contraire de ce que Meillassoux lui fait dire, mais il conclut de la nature des dieux une certaine forme de ... validité permanente du hasard, de la contingence.

Meillassoux, pour le protéger, aurait dû éviter de faire dialoguer son Métaphysicien avec l'Épicurien, car il lui a appris que diverses régularités sont possibles pour le futur et qu'une fois confirmée ou non infirmée, celle qu'il a observée était évidente. La contingence n'est pas nécessaire, elle est évidente. C'est tout.

La contingence est. C'est Tout.

---

18. Marcel Conche, *Épicure, Lettres et Maximes*, introduction, PUF, 1987, page 44. Je mets en gras.
19. *Ibid.*, p. 47-48.

Par deux fois dans l'histoire, la philosophie de la déviation a été sauvée de la destruction et de l'oubli. Une première fois, peu après la mort de Lucrèce par le soin que Cicéron, cet adversaire acharné de l'épicurisme, prit à faire éditer le *De Natura Rerum*[1]. Une deuxième fois, lorsqu'en 1417, le Pogge[2], un humaniste de la Renaissance, secrétaire du pape, farouche défenseur du providentialisme, érudit à la recherche de belles lettres antiques, fouillant l'abbaye de Murbach en Alsace ou celle de Fulda entre Hesse et Thuringe, mit la main « par hasard » sur un manuscrit portant la mention T. LUCRETI CARI DE RERUM NATURA. Ébloui par la pureté de ce latin classique et oublié, il le fit recopier et le rapporta en Italie.

Par deux fois, Lucrèce a été sauvé par la pureté de sa langue, par la beauté de sa poésie. Cicéron, grand orateur, fondateur souvent du classicisme latin ; le secrétaire du pape pratiquant un latin d'église, sacrifient leurs convictions philosophiques, morales, religieuses à la beauté de la langue et à la poésie de Lucrèce. Et peut-être l'épicurisme en a-t-il été sauvé de l'oubli : la beauté des mots a sauvé la vérité de la parole, pur plaisir de vivre[3] :

---

1. *Lettre à son frère Quintus*, datée de février 54 av. J-C : « Les poèmes de Lucrèce sont bien, comme tu l'écris, riches de l'éclat de l'esprit, mais riches aussi de l'art ».
2. De son nom Poggio Bracciolini, Le Pogge transmit la copie du manuscrit qu'un scribe avait réalisée pour lui, aujourd'hui disparue, à l'humaniste Niccolò Niccoli, qui la transcrivit avec soin : cette copie servit de référence à l'édition princeps de Brescia en 1473. Cette redécouverte a été racontée par Stephen GREENBLATT, in *The Swerve*, 2011, qui est un titre plus lucrétien que la restitution racoleuse de l'édition française : *Quattrocento*.
3. *vulptatem liquidam puramque*, dont il parle au vers 40 du chant III.

Nul doute : la raison nous libérera seule,
Tant notre vie s'épuise à créer ses ténèbres !
Tels des enfants tremblants qui dans l'aveugle nuit
S'effraient de tout, nous avons peur, même en plein jour,
De dangers tout aussi peu terribles que ceux
Qu'ils croient voir dans le noir et dont ils s'épouvantent.
Ces terreurs de l'esprit, ces ténèbres se chassent
Non par l'éclat du jour et du soleil radieux,
Mais en analysant la nature et ses lois ![4]

---

4. Dans les alexandrins de la traduction d'Olivier SERS, *DRN*, II, 53-61.

APPENDICES

CHRONOLOGIE DES ÉVÉNEMENTS ATTIQUES
PENDANT LA VIE D'ÉPICURE

DATE	ÉVÉNEMENTS HISTORIQUES	VIE D'ÉPICURE	VIE CULTURELLE
384			Naissance d'Aristote
370			Mort de Démocrite
366	Athènes perd l'Oropie		
365	Athènes s'empare de l'île de Samos et chasse ses habitants pour y installer des clérouques		
352		**Néoclès**, père d'**Épicure**, arrive à Samos	
350			Mort d'Aristippe de Cyrène
348			Mort de Platon. Speusippe, scholarque de l'Académie
346	Paix de Philocratès entre Philippe II et les Grecs		Aristote précepteur d'Alexandre
341	Expédition athénienne de Chersonèse de Thrace. Les Macédoniens s'emparent d'Olympie. Alliance d'Athènes avec Mégare et l'Achaïe.	**Épicure** naît de Néoclès et de Chairestratê, le 7ème jour de Gamélion (février)	Naissance de Ménandre. Praxitèle sculpte « Hermès et Dionysos adolescents ».
339	Début de la 4ème guerre sacrée.	Xénocrate de Chalcédoine est élu 2ème scholarque de l'Académie contre Héraclite du Pont et Aristote. Il tentera de réconcilier platonisme et pythagorisme.	
338	Le 2 août, défaite d'Athènes et de Thèbes à Chéronée face à Philippe II. Athènes déplore entre 1000 et 2000 morts, Thèbes 6000. L'armistice négocié par Démade permet à Athènes de conserver sa flotte et ses possessions iliennes, dont Samos, mais pas l'Oropie.		Isocrate se laisse mourir de faim après la défaite de Chéronée.
337	Philippe II, *hégémon* de la ligue de Corinthe, déclare la guerre au grand Roi de Perse.		

DATE	ÉVÉNEMENTS HISTORIQUES	VIE D'ÉPICURE	VIE CULTURELLE
336	Loi attique dite d'Eukratès contre la tyrannie. Assassinat de Philippe II. Alexandre III, qui sera dit le Grand, fait assassiner sa famille, monte sur le trône de Macédoine et devient général de tous les Grecs.	Naissance probable d'**Hermarque**, scholarque du Jardin à la mort d'Épicure	
335	En octobre, Alexandre rase Thèbes. Démade obtient d'Alexandre le retour de l'Oropie dans le giron athénien. Réforme de l'éphébie financée par les ressources des bois de l'Oropie, ainsi que les Petites Panathénées.		
334	Darius III récupère l'Égypte. Alexandre confie la régence à Antipatros et part pour l'Asie. En mai, victoire du Granique. Prise de Milet, d'Halicarnasse. Démade à Athènes est trésorier des fonds militaires.		Naissance de Zénon de Kition (l'actuelle Larnakos à Chypre), fils d'un riche marchand d'origine phénicienne.
333	Alexandre tranche le nœud gordien. À Issos, Alexandre défait Darius et ses 100 000 soldats.		
332	Siège et prise de Tyr qui est rasée et la population vendue comme esclaves.		
331	Fondation d'Alexandrie d'Égypte. Alexandre est initié par les prêtres d'Amon. 1er octobre : prise de Babylone et Suse, et de leurs trésors. En octobre, Antipatros soumet le roi de Sparte Agis III révolté.		
330	Défaite de Darius à Persépolis. Darius est assassiné par un de ses généraux à Hécatompylos.	Procès dit de la couronne intenté par Eschine, du parti pro-macédonien, à Démosthène. Édition des *Météorologies* d'Aristote.	
329	Grave crise frumentaire en Égée. L'Égypte augmente ses taxes d'exportation. Les possessions d'Athènes sont priées de verser les prémisses des récoltes aux deux déesses d'Éleusis.	Selon Sextus Empiricus, « tout jeune encore, **Épicure** demande à son maître d'où venait le chaos d'Hésiode »	

DATE	ÉVÉNEMENTS HISTORIQUES	VIE D'ÉPICURE	VIE CULTURELLE
328	Affaire de la proscynèse : les Macédoniens refusent de se prosterner devant le roi Alexandre.	Naissance de **Métrodore** à Lampsaque. Sa sœur Batis sera l'épouse d'Idoménée.	
327	Alexandre épouse la princesse perse Roxane et passe l'Indus.	**Épicure** entame ses études de philosophie.	Aristote ne peut empêcher l'exécution de son neveu Callisthène, accusé d'avoir raillé la divinité d'Alexandre. Mort de Diogène de Sinope, le cynique, celui qui avait répondu à Alexandre en visite à Corinthe, qui lui demandait un souhait : « écarte-toi de mon soleil ! ».
326	L'armée d'Alexandre refuse de le suivre plus loin en Inde.		
325	Fuite d'Harpale, trésorier d'Alexandre, avec son trésor (5000 talents). Arrivé à Persépolis, Alexandre menace Athènes de destruction si elle accueille Harpale. Les mercenaires grecs démobilisés s'installent au cap Ténare, au sud du Péloponnèse. Ils seront recrutés par Athènes pendant la guerre lamiaque.	Naissance d'**Idoménée** à Lampsaque.	Édition de *la Constitution des Athéniens* par l'école d'Aristote. Parution des *Fables* de Démétrios de Phalère.
324	Nikanor de Stagire, neveu du très macédonophile Aristote, proclame solennellement à Olympie l'édit d'Alexandre en faveur des exilés, qui autorise le retour des Samiens dans leur île. Démade s'exile. Mort de Lycurgue, né en 390. Démosthène est accusé d'avoir détourné une part du trésor d'Harpale.		

DATE	ÉVÉNEMENTS HISTORIQUES	VIE D'ÉPICURE	VIE CULTURELLE
323	Juin : mort d'Alexandre à Babylone. Hypéride prône le soulèvement des Hellènes : début de la guerre lamiaque conduite par le stratège Léosthénès avec ses 8000 mercenaires recrutés avec le trésor d'Harpale. Les diadoques se partagent l'empire : Perdicaas est vice-roi à Babylone ; Ptolémée, l'Égypte ; Antipatros, l'Europe ; Lysimaque, la Thrace ; Antigone le Borgne, l'Asie Mineure.	Arrivée d'**Épicure** à Athènes pour effectuer à partir de juillet sa première année d'éphébie.	Xénocrate vit à l'Académie. Aristote, menacé d'un procès en « impiété », c'est-à-dire pour ne pas avoir respecté Athéna Polias, la divinité tutélaire de la cité, s'est exilé à Chalcis, en Eubée. Théophraste lui succède. Ménédème d'Érétrie est garnisaire à Mégare, rangé derrière Antipatros contre Athènes. Il a 20 ans environ.
322	Août : les défaites maritimes et terrestres (Amorgos et Krannon) mettent fin à la guerre lamiaque. Athènes perd l'Oropie et Samos, d'où reviennent des milliers de clérouques. Antipatros impose une constitution censitaire : seuls 9 000 citoyens sur 30 000 conservent leurs droits. Ptolémée Sôter s'empare de la Cyrénaïque et de la royauté en Égypte.	**Épicure** entame sa deuxième année d'éphébie.	Aristote publie *De l'âme* et *la Poétique*. En octobre il meurt.
321	Perdicaas est assassiné. À Triparadisos, les diadoques se partagent « le monde » ainsi : à Antipatros, la Mécédoine, à Ptolémée, l'Égypte, à Lysimaque, la Thrace, à Séleucos, la Babylonie, à Antigone, la Phrygie, lequel est nommé stratège des forces royales, et met ainsi la main sur les ressources militaires de l'empire.	À vingt ans, à la fin de son éphébie, **Épicure** quitte Athènes pour rejoindre ses parents à Colophon. Il aurait, au cours des 10 ans où il y demeurera, suivi les leçons de Nausiphanes à Téos et de Praxiphanes à Rhodes.	Première comédie de Ménandre, qui a été l'élève de Théophraste

DATE	ÉVÉNEMENTS HISTORIQUES	VIE D'ÉPICURE	VIE CULTURELLE
320	Installation d'une garnison macédonienne dans la forteresse de Mounychie au Pirée pour un siècle, quasi continûment.		
319	Mort d'Antipatros, qui a fait de Polyperchon son héritier. Il rend la liberté aux cités grecques, mais se heurte au fils d'Antipatros, Cassandre, qui revendique la Macédoine en héritage.		
318	Printemps : courte période d'agitation démocratique à Athènes : Phocion, 84 ans, une sorte de Pétain athénien, boit la ciguë. Automne : Cassandre, qui avait conservé la garnison du Pirée, investit l'Attique.		
317	Cassandre et impose, en même temps qu'un régime oligarchique, un épimélète, le philosophe péripatéticien Démétrios de Phalère, qui sera de fait nomothète et édictera des lois sur : • les dépenses somptuaires ; • les gymnéconomes (gardiens des bonnes mœurs féminines) ; • les liturgies.		
316		Ménandre reçoit le prix pour sa comédie le Dyscolos, le bourru, en qui certains ont cru reconnaître une caricature de son camarade d'éphébie, Épicure.	
315	Antigone Monophtalmos proclame contre Cassandre la liberté de tous les Grecs. Ptolémée, Lysimaque, Cassandre et Asandros de Carie se liguent contre Antigone.		
314	La flotte d'Antigone occupe l'île athénienne de Lemnos et libère Délos, qui restera indépendante au sein de la ligue des Nésiotes, jusqu'en 166ᵃ quand Rome rendra sa tutelle à Athènes.		Polémon, 3ème scholarque de l'Académie.
312	Polémaios, navarque d'Antigone, débarque sur les frontières nord de l'Attique. Il est stoppé à cause de la défaite du fils d'Antigone, Démétrios Poliorcète à Gaza face à Ptolémée.	Zénon quitte Kition, dont Ptolémée s'est emparé, pour aller suivre à Athènes les enseignements éclectiques de Cratère le cynique, de l'académicien Polémon, de Stilpon et Diodore les mégariques.	

DATE	ÉVÉNEMENTS HISTORIQUES	VIE D'ÉPICURE	VIE CULTURELLE
311	Cassandre se proclame roi de Macédoine.	À trente ans, **Épicure** quitte Colophon pour se rendre à Mytilène, sur l'île de Lebos, où il se heurte aux philosophes péripatéticiens qui arriveront à le faire expulser l'année suivante.	
310		**Épicure** écrit dans une lettre qu'il va se rendre à Samos pour rencontrer des amis en philosophie.	Ménédème d'Erétrie passe à travers une condamnation pour délit d'oisiveté à Athènes. Mort d'Héraclide du Pont, qui avait admis la rotation de la Terre.
309	Cassandre partage le pouvoir sur la Grèce continentale avec Polyperchon. Démétrios s'autoproclame archonte éponyme (qui donne son nom à l'année attique) ; au printemps il a organisé la fête des Dionysies autour d'une procession où sont chantés des poèmes à sa gloire, *hêliomorphos*, un être à l'aspect solaire.	Création par **Épicure** d'une école de philosophie à Lampsaque. Il y rencontre **Hermarque**, **Idoménée**, **Métrodore**, **Colothès**, **Pythoclès** et **Mythrès** le trésorier du roi Lysimaque.	
308	Ptolémée Sôter débarque dans le Péloponnèse et force Cassandre à la paix. Démétrios Poliorcète quitte Éphèse à la tête d'une flotte de 250 vaisseaux et débarque en Grèce.		Stilpon, maître en éristique à Mégare, décline l'invitation de Prolémée à le suivre à Alexandrie.
307	Démétrios libère Mégare, puis Athènes du joug de Cassandre En août Mounychie est prise et détruite Démétrios de Phalère s'enfuit à Thèbes puis se réfugie à Alexandrie. Athènes en liesse, pour fêter le libérateur, crée deux nouvelles tribus : l'antigonide et la démétriaque. Le système à douze tribus sera maintenu pendant tout le siècle suivant.		Ménédème retourne à Érétrie. Le décret de Sophoclès sur les écoles de philosophies vise les philosophes péripatéticiens compromis avec le pouvoir macédonien. Théophraste s'exile.

DATE	ÉVÉNEMENTS HISTORIQUES	VIE D'ÉPICURE	VIE CULTURELLE
306	Janvier : le poète Alexis se félicite du bannissement des académiciens. Antigone et Démétrios sont couronnés rois, les autres diadoques leur emboîtent le pas.	À 34 ans, quittant Lampsaque, **Épicure** accompagné de nombreux amis gagne Athènes où il commence par philosopher publiquement.	Le décret de Sophocle est annulé pour anti-constitutionnalité, la liberté d'association, notamment religieuse est garantie par la loi, malgré l'opposition démocrate de Démo-charès, fils de Lachès et d'une sœur de Dé-mosthène. Théophraste revient à Athènes. Fin de la céramique à figures rouges.
305	Cassandre ravage l'Attique et assiège Athènes.	**Épicure** achète la maison de Mélites, à l'intérieur des remparts, et le Jardin sur le chemin de l'Académie à mi-chemin du quartier populaire du Céramique. Les 13 premiers livres de son grand œuvre, le *Peri Phúseos*, ont été écrits avant son arrivée à Athènes.	
304	Démétrios repousse Cassandre au-delà des Thermopyles et rend l'Oropie et le sanctuaire de l'Amphiaraos à Athènes ; ainsi s'achève la guerre de quatre ans ; il s'installe, avec son harem, dans l'opisthodome, la salle des vierges du Parthénon, sur proposition d'Athéniens flagorneurs ... Décision de publier officiellement les lois révisées depuis 307[a] par souci de transparence démocratique.		Début des travaux pour la construction du colosse de Rhodes.
302	Démétrios prétend remettre sur pied une ligue des cités grecques pour la défense de la démocratie. Il fait accélérer à son usage personnel le calendrier de l'initiation aux mystères d'Éleusis. Exil de Démocharès, qui durera jusqu'en 286, et du poète comique Philippidès de Képhalé auprès de Lysimaque, après qu'il a dénoncé Stratoklès pour son tripatouillage du calendrier des mystères.		Date approximative du début de l'ensei-gnement de Zénon de Kition auprès du por-tique aux peintures, la *Stoa poikilé*, qui marque le début du stoïcisme.

DATE	ÉVÉNEMENTS HISTORIQUES	VIE D'ÉPICURE	VIE CULTURELLE
301	Démétrios et Antigone, qui y perd la vie, sont défaits à la bataille d'Ipsos. Lysimaque domine l'Asie Mineure, Séleucos la Syrie et la Babylonie, Ptolémée l'Égypte, la Palestine et Chypre. Athènes déclare sa neutralité dans les conflits entre diadoques. Dès l'automne, Démétrios n'exerce plus d'autorité sur Athènes, et ceci jusqu'en 295. On lui retourne ses biens, ses femmes et ses maîtresses. Les îles de Lemnos, Imbros et Skyros, stratégiques pour l'approvisionnement en blé pontique d'Athènes, sont aux mains de Lysimaque.		
298	Les Celtes (les Galates) commencent à s'infiltrer en Macédoine et en Thrace. Des opposants à Lacharès ont fait sécession et se sont emparés du Pirée.		
297	Avril : mort de Cassandre. Lacharès tente de prendre le pouvoir au sein du collège des stratèges. Démétrios Poliorcète cherche à profiter de cette « stasis », cette guerre civile, pour attaquer Athènes.		Début de la construction du phare d'Alexandrie.
296	Démétrios enlève les places fortes de Rhamnonte, Éleusis et Salamine ; il entreprend le siège d'Athènes, qui provoque une terrible famine : pendant l'hiver, Épicure compte les fèves qu'il partage au Jardin avec ses disciples.	**Épicure** aurait rédigé le livre 28 du *Peri Phúseos*, qui reprend une séance de travail tenue par Épicure avec **Métrodore**, réaffirmant, contre Diodore Cronos la nécessité de mettre en œuvre la raison, l'*epilogismos*, pour défendre les sensations comme critères de vérité.	
295	Une flotte envoyée par Polémée n'arrive pas à débarquer au Pirée. Lacharès s'empare du pouvoir et fait condamner en bloc, ce qui est illégal, ses opposants. En avril, Athènes affamée, capitule et ouvre ses portes à Démétrios. Lacharès s'empare de l'or du péplos de la statue d'Athéna chriséléphantine de Phidias : il a « dénudé » la déesse, ce qui est un sacrilège.		
294	Démétrios offre à Athènes 100 000 médimnes de blé. Lacharès prend la fuite en direction de la Béotie. Installation sur la colline du Mouséion d'une garnison macédonienne ; des flagorneurs athéniens offrent à Démétrios Mounychie et le Pirée. Retour à la boulè des *anagrapheis* (les secrétaires) qui étaient caractéristiques du système oligarchique de 321 à 318.		

DATE	ÉVÉNEMENTS HISTORIQUES	VIE D'ÉPICURE	VIE CULTURELLE
292	Instauration des fêtes dites des Démétria, pour lesquelles on compose un hymne ithyphallique en l'honneur de Démétrios, placé au même rang que Dyonisos, compagnon de Déméter, au-dessus même des dieux traditionnels du Panthéon. Acte considéré plus tard comme blasphématoire.		Fin de la construction du colosse de Rhodes Mort de Ménandre à l'âge de 50 ans, semble-t-il d'une baignade en mer.
291	Adulation de Démétrios par certains Athéniens. Dromokléidès de Sphettos propose qu'un citoyen interroge Démétrios le sauveur, tel un dieu oraculaire, sur la manière la plus pieuse de pratiquer des offrandes : « quelle que soit la réponse de l'oracle, le peuple s'y conformera ».	Lettre d'**Épicure** à *Polyène* où il se vante de se rassasier pour moins d'un as, selon Sénèque.	
290		**Épicure** écrit à **Mythrès**, trésorier de Lysimaque.	
288	Pyrrhus, allié à la ligue des Étoliens et à Lysimaque envahit la Macédoine. Démétrios Poliorcète vainqueur de Lysimaque à Amphipolis est pourtant abandonné par les Macédoniens. Il s'enfuit à Corinthe, où il rassemble ses troupes. Phila, fille d'Antipatros, sœur de Cassandre, épouse de Démtrios et mère d'Antigone Gonatas, se suicide lorsque Démétrios cède en Macédoine face à Pyrrhus.		
287	Démétrios surprend Athènes en marchant en Attique jusque devant les remparts de la ville, suivi par les troupes macédoniennes du Pirée. Kallias de Sphettos, navarque d'une flotte de Ptolémée Sôter, débarque avec 1000 soldats sur la côte est de l'Attique, où il assure la rentrée de la récolte. Olympiodoros soulève la ville contre Démétrios, il s'empare de la place forte du Mouséon et en chasse la garnison. Une ambassade convainc Démétrios de lever le siège : il cingle alors vers les côtes de l'Asie. Les Athéniens ont mis fin dans l'enthousiasme à huit années d'oligarchie. Athènes est libérée.		
286	Les forteresses d'Éleusis, de Philé, de Rhamnonte, le Pirée sont toujours aux mains des Macédoniens. Attaquant le Pirée, 400 Athéniens sont tués dans un guet-apens. Les Macédoniens évacuent Éleusis. Démocharès revenant d'exile, intervient auprès de Lysimaque et en obtient 30 talents d'argent pour nourrir les Athéniens.		

DATE	ÉVÉNEMENTS HISTORIQUES	VIE D'ÉPICURE	VIE CULTURELLE
285	Ptolémée II Philadelphe réunit une armée de 240 000 hommes contre Démétrios. Lysimaque chasse Pyrrhus de Macédoine. Démétrios battu et prisonnier de Séleucos 1er, reclus en Syrie où il mourra de cirrhose.	Lettre d'**Épicure** à Pyrson.	Mort de Théophraste à l'âge de 87 ans ; les Athéniens en foule suivent à pied sa dépouille ; il a confié son testament à Aidémantès de Lamptraï, désigné dans les années 290 stratège pour deux ans par Démétrios.
283	Mort de Ptolémée Sôter. Mort de Démétrios Poliorcète ; son fils, Antigone Gonatas, lui succède en Macédoine.	**Épicure** écrit une lettre sur papyrus qui comporterait une condamnation des « odieux Macédoniens ». **Hermarque** écrit une lettre à Théophidès portant sur la différence entre la rhétorique en tant que technique, entre celle des sophistes et celles des politiques.	
281	Les Athéniens récupèrent pour quelques années la souveraineté sur l'intégralité de leur territoire, le Pirée, Mounychie et Éleusis compris. Lysimaque, 80 ans, meurt à la bataille de Kouroupédion en Phrygie contre Séleucos 1er qui, avant de mourir l'année suivante en Macédoine, a rendu les îles de Lemnos, Imbros et Skyros à Athènes, défait par Ptolémée Kéraunos, un prince lagide, éphémère roi de Thrace et de Mcédoine.		
280	Pyrrhus est passé en Italie pour soutenir Tarente contre Rome qu'il ébranlera provisoirement. Les Galates descendent dans les Balkans et ruinent tout sur leur passage.		Naissance de Chrysippe. Mort de Stilpon, le dialecticien.
279	Le roi de Macédoine, Ptolémée Kéraonos, est tué en tentant d'arrêter les Galates. Leur chef Brennos contourne les Athéniens aux Thermopyles, et lance un raid sur Delphes qui est pillé. Brennos blessé se suicide. Les Galates sont repoussés par les Étoliens et écrasés. La confédération étolienne prend Delphes sous son contrôle.	**Épicure** écrit à Diodore, fils de Mithrès.	Le Galate Brennos aurait éclaté de rire en apprenant que les Grecs honoraient leurs dieux sous la forme de statues.

DATE	ÉVÉNEMENTS HISTORIQUES	VIE D'ÉPICURE	VIE CULTURELLE
278	Pour la première fois depuis 12 ans, la cité souveraine à nouveau sur l'intégralité du territoire de l'Attique, peut fêter les Grandes Panathénées.	Mort de **Polyène**, chef de l'école épicurienne de Lampsaque. **Épicure** écrit à **Colotès** et à Mithrès .	
277	Antigone Gonatas arrête les Galates à la bataille de Lysimacheia, et les repousse vers la Bulgarie, d'où ils envahiront l'Asie Mineure.	Mort de **Métrodore** (53 ans), compagnon et disciple préféré d'**Épicure**, depuis Lampsaque.	
276		Mort de Polémon, scholarque de l'Académie ; Cratès d'Athènes lui succède.	
275	Défaite de Phyrrus devant les Romains. Les Galates sont repoussés vers les hauts plateaux de l'Anatolie où ils se stabiliseront.		Mort de Pyrrhon.
274	Première guerre de Syrie entre Ptolémée Philadelphe et Antiochos 1er Sôter, fils de Séleucos, pour la possession de la méditerranée orientale.	**Épicure** écrit à **Idoménée**, Mithrès et un destinataire inconnu.	
273		Arcésilas prend la tête de l'Académie, qu'il refondra.	
272	Mort de Pyrrhus à Argos, mortellement blessé par une tuile jetée par une vieille femme défendant son toit. Son fils devient roi d'Épire et abandonne la Macédoine à Antigone Gonatas.		
271		**Épicure** écrit à **Idoménée** et **Hermarque**. Il aurait déposé sa correspondance et son ouvrage, le *Péri Phuséos*, aux archives de la cité (*Métroôn*).	
270	**Épicure meurt dans sa soixante-douzième année**. Hermarque lui succède.		
268	Début de la guerre dite de Chrémonidès, alliant certaines cités grecques, contre Antigone Gonatas, dont Athènes, alliée à Sparte et à Ptolémée Philadelphe.		Lycon de Troade prend la direction du Lycée.

Nota : ces tableaux ont été élaborés en partie en suivant les cours du Pr Denis Knoepfler au Collège de France au cours des années 2010-2012.

DIFFÉRENCES ENTRE LES TRADUCTIONS
DES VERS 251 À 262 DU CHANT II
DU *DE RERUM NATURA*

Les traductions du passage majeur du *DRN* sur le *clinamen* sont évidemment innombrables. Nous donnons ici les plus accessibles, qui dénotent de subtiles nuances sur la place et le moment où opère la déviation sur la liberté d'agir, en fonction de l'édition et la traduction de quelques mots.

Texte latin, édition José Kany-Turpin, 1983 :

251 Denique si semper motus conecticur omnis et
vetere exoritur <semper>[1] novus ordine certo
nec declinando faciunt primordia motus
principium quoddam, quod fati foedera rumpat,
255 ex infinito ne causam causa sequatur,
libera per terras unde haec animantibus exstat[2],
unde est haec, inquam, fatis avulsa voluntas[3]
per quam progredimur quo ducit quemque voluptas[4],
declinamus item motus nec tempore certo
260 nec regione loci certa, sed ubi ipsa tulit mens ?
Nam dubio procul his rebus sua cuique voluntas
principium dat et hinc motus per membra rigantur.

Traduction José Kany-Turpin, 1983 :

251 Enfin, si tout mouvement s'enchaîne toujours,
si toujours d'un ancien un autre naît en ordre fixe
et si par leur déclinaison les atomes ne prennent
l'initiative d'un mouvement qui brise les lois du destin
255 et empêche les causes de se succéder à l'infini,
libre par toute la terre, d'où vient aux êtres vivants,
d'où vient, dis-je, cette volonté arrachée au destin
qui nous permet d'aller où nous conduit notre plaisir
et d'infléchir nous aussi nos mouvements,
non pas en un moment ni en un lieu fixé
260 mais suivant l'intention de notre seul esprit ?
Car, en ce domaine, la volonté de chacun
prend évidemment l'initiative et c'est à partir d'elle
que les mouvements se distribuent dans les membres.

1. <*motu*> : éd Long&Sedley ; éd. F. G. Masi 2008.
2. *Extat* : éd. F.G. Masi 2008.
3. *Voluptas* : mss ; *potestas* : Lachmann ; *voluntas* : Lambin, 1558.
4. *Voluntas* : mss ; *voluptas* : Lambin, 1558.

Traduction Ernout, 1935 :

251. Enfin si toujours tous les mouvements sont solidaires, si toujours un mouvement nouveau naît d'un plus ancien suivant un ordre inflexible, si par leur déclinaison les atomes ne prennent pas l'initiative d'un mouvement qui rompe les lois du destin pour empêcher la succession indéfinie des causes, d'où vient cette liberté accordée sur terre à tout ce qui respire, d'où vient, dis-je, cette volonté arrachée aux destins, qui nous fait aller partout où le plaisir entraîne chacun de nous, et, comme les atomes[5], nous permet de changer de direction, sans être déterminé par le temps ni par le lieu, mais suivant le degré de notre esprit lui-même ? Car sans aucun doute de pareils actes ont chez nous leurs principes dans la volonté ; c'est la source d'où le mouvement se répand dans nos membres.

Traduction Marcel Conche,
in Lucrèce et l'expérience, 1967 :

251. Enfin si toujours tous les mouvements s'enchaînent, si toujours un mouvement nouveau naît d'un plus ancien selon une inflexible régularité, si les atomes ne suscitent pas, en déviant, un mouvement qui rompe les lois du destin et empêche que la cause ne succède à la cause à l'infini, d'où vient cette liberté sur terre accordée aux vivants, d'où vient, dis-je, cette volonté arrachée au destin par laquelle chacun de nous va où le plaisir le conduit, par laquelle nous aussi changeons la direction de nos mouvements, non à un moment ni en un lieu déterminé, mais quand notre esprit lui-même l'a ainsi décidé ? Car sans nul doute c'est dans la volonté de l'individu qu'est le principe de tels actes, c'est de cette source que le mouvement se répand dans nos membres.

Sedley, trad. P. Pellegrin, 1987 :

251. De plus, si tout mouvement est toujours enchaîné, si un nouveau mouvement vient d'un ancien dans un ordre fixé, et si les atomes par leur déclinaison n'initient aucun mouvement qui brise les décrets du destin, de sorte qu'une cause ne suive pas d'une autre cause à l'infini, d'où vient aux animaux, à travers le monde, cette volonté libre ? D'où vient, dis-je, cette volonté arrachée au destin par laquelle chacun de nous va où le conduit son plaisir, et par laquelle de même nous infléchissons nos mouvements, non pas à un moment et en un lieu de l'espace fixés, mais là où notre esprit lui-même nous amène ? Car c'est sans aucun doute la volonté qui donne en chacun de nous le branle à toutes ces choses, c'est par la volonté que les mouvements se répandent dans nos membres.

5. Ajout que seul Ernout fait.

Jackie Pingeaud, 2010

251 Enfin, si toujours tous les mouvements sont liés,
 et si toujours d'un mouvement ancien naît un mouvement nouveau,
  selon un ordre déterminé,
 si, par la déclinaison, les corps premiers ne prennent pas l'initiative
  d'un mouvement qui brise les pactes du destin,
255 pour empêcher que depuis l'infini la cause ne suive la cause,
 d'où vient, libre, qu'ont les vivants à travers la terre,
 d'où vient, dis-je, cette puissance[6] arrachée aux destins,
 grâce à laquelle nous allons où nous conduit la volonté,
 et comme eux nous déclinons nos mouvements, à un moment non
  déterminé,
260 en un lieu non déterminé, mais là où nous porte l'esprit lui-même.
 Car on ne peut douter que, pour ces choses, ce soit sa propre volonté
  qui à chacun
 fournit de principe, et que c'est elle qui est l'origine des mouvements
  qui irriguent nos membres.

Traduction Francesca Guadalupe Masi, in Epicuro e la filosofia della mente[7], 2006 :

251 Enfin, si chaque mouvement est toujours relié à d'autres,
 et tout mouvement suit un mouvement précédent selon un ordre
  certain,
 si par déclinaison les germes primordiaux ne déterminent pas un
  quelconque
 principe au mouvement qui brise les lois du destin,
255 de sorte qu'indéfiniment une cause ne succède à une cause,
 d'où sur terre tire origine pour les êtres vivants cette libre volition,
 d'où provient, dis-je, cette volition-là arrachée au destin,
 en vertu de laquelle nous avançons où le plaisir nous guide
 et dévions notre parcours ni à un moment certain dans le temps,
260 ni à un point certain dans l'espace, mais quand et où nous a conduit
  l'esprit ?
 Car, sans aucun doute, une volition propre à chacun
 insuffle le départ de mouvements, qui de là se diffusent dans les
  membres.

6. Option déjà adoptée par M. Conche.
7. Note de l'auteur : ma trad. de l'italien.

FÉNELON
TRAITÉ DE L'EXISTENCE DE DIEU, 1685

Chapitre III, Réponse aux objections des Épicuriens.

[§1] J'entends certains philosophes qui me répondent que tout ce discours sur l'art qui éclate dans toute la nature n'est qu'un sophisme perpétuel. Toute la nature, me diront-ils, est à l'usage de l'homme, il est vrai ; mais vous en concluez mal à propos qu'elle a été faite avec art pour l'usage de l'homme. C'est être ingénieux à se tromper soi-même pour trouver ce qu'on cherche, et qui ne fut jamais. Il est vrai, continueront-ils, que l'industrie de l'homme se sert d'une infinité de choses que la nature lui fournit et qui lui sont commodes ; mais la nature n'a point fait tout exprès ces choses pour sa commodité. Par exemple, des villageois grimpent tous les jours par certaines pointes de rochers au sommet d'une montagne ; il ne s'ensuit pas néanmoins que ces pointes de rochers aient été taillées avec art comme un escalier pour la commodité des hommes. Tout de même, quand on est à la campagne pendant un orage et qu'on rencontre une caverne, on s'en sert, comme d'une maison, pour se mettre à couvert : il n'est pourtant pas vrai que cette caverne ait été faite exprès pour servir de maison aux hommes. Il en est de même du monde entier : il a été formé par le hasard et sans dessein ; mais les hommes, le trouvant tel qu'il est, ont eu l'invention de le tourner à leurs usages. Ainsi l'art que vous voulez faire admirer dans l'ouvrage et dans son ouvrier n'est que dans les hommes, qui savent après coup se servir de tout ce qui les environne. Voilà sans doute la plus forte objection que ces philosophes puissent faire ; et je crois qu'ils ne peuvent pas se plaindre que je l'aie affaiblie. Mais nous allons voir combien elle est faible en elle-même quand on l'examine de près : la simple répétition de ce que j'ai déjà dit suffira pour le démontrer.

[§2] Que dirait-on d'un homme qui se piquerait d'une philosophie subtile et qui, entrant dans une maison, soutiendrait qu'elle a été faite par le hasard et que l'industrie n'y a rien mis pour en rendre l'usage commode aux hommes, à cause qu'il y a des cavernes qui ressemblent en quelque chose à cette maison, et que l'art des hommes n'a jamais creusées ? On montrerait à celui qui raisonnerait de la sorte toutes les parties de cette maison. Voyez-vous, lui dirait-on, cette grande porte de la cour ? Elle est plus grande que toutes les autres, afin que les carrosses y puissent entrer. Cette cour est assez spacieuse pour y faire tourner les carrosses avant qu'ils sortent. Cet escalier est composé de marches basses, afin qu'on puisse monter sans efforts ; il tourne suivant les appartements et les étages pour lesquels il doit servir. Les fenêtres, ouvertes de distance en distance, éclairent tout le bâtiment ; elles sont vitrées, de peur que le vent n'entre avec la lumière ; on peut les ouvrir quand on veut, pour respirer un air doux dans la belle saison. Le toit est fait pour défendre tout le bâtiment des injures de l'air. La charpente est en pointe, afin que la pluie et la neige s'y écoulent facilement des deux côtés. Les tuiles portent un peu les unes sur les autres, pour mettre à couvert le bois de la charpente. Les divers planchers des étages servent à multiplier les logements dans un petit espace, en les faisant les uns au-dessus des autres. Les cheminées sont faites pour allumer du feu en hiver sans brûler la maison et pour faire exhaler la fumée sans la laisser sentir à ceux qui se chauffent. Les appartements sont distribués de manière qu'ils ne sont point engagés les uns dans les autres ; que toute une famille nombreuse y peut loger sans que les uns aient besoin de passer par les chambres des autres ; et que le logement du maître est le principal. On y voit des cuisines, des offices, des écuries, des remises de carrosses. Les chambres sont garnies de lits pour se coucher, de chaises pour s'asseoir, de tables pour écrire et pour manger.

[§3] Il faut, dirait-on à ce philosophe, que cet ouvrage ait été conduit par quelque habile architecte ; car tout y est agréable, riant, proportionné, commode : il faut même qu'il ait eu sous lui d'excellents ouvriers. Nullement, répondrait ce philosophe ; vous êtes ingénieux à vous tromper vous-même. Il est vrai que cette maison est riante, agréable, proportionnée, commode, mais elle s'est faite d'elle-même avec toutes ses proportions. Le hasard en a assemblé les pierres avec ce bel ordre ; il a élevé les murs, assemblé et posé la charpente, percé les fenêtres, placé l'escalier. Gardez-vous bien de croire qu'aucune main d'homme y ait eu aucune part : les hommes ont seulement profité de cet ouvrage quand ils l'ont trouvé fait. Ils s'imaginent qu'il est fait pour eux, parce qu'ils y remarquent des choses qu'ils savent tourner à leur commodité ; mais tout ce qu'ils attribuent au dessein d'un architecte imaginaire n'est que l'effet de leur invention après coup. Cette maison si régulière et si bien entendue ne s'est faite que comme une caverne ; et les hommes, la trouvant faite, s'en servent comme ils se serviraient, pendant un orage, d'un antre qu'ils trouveraient sous un rocher au milieu d'un désert.

[§4] Que penserait-on de ce bizarre philosophe s'il s'obstinait à soutenir sérieusement que cette maison ne montre aucun art ? Quand on lit la fable d'Amphion, qui, par un miracle de l'harmonie, faisait élever avec ordre et symétrie les pierres les unes sur les autres pour former les murailles de Thèbes, on se joue de cette fiction poétique ; mais cette fiction n'est pas si incroyable que celle que l'homme que nous supposons oserait défendre. Au moins pourrait-on s'imaginer que l'harmonie, qui consiste dans un mouvement local de certains corps, pourrait, par quelqu'une de ces vertus secrètes qu'on admire dans la nature sans les entendre, ébranler les pierres avec un certain ordre et une espèce de cadence qui ferait quelque régularité dans l'édifice. Cette explication choque néanmoins et révolte la raison ; mais enfin elle est encore moins extravagante que celle que je viens de mettre dans la bouche d'un philosophe. Qu'y a-t-il de plus absurde que de représenter des pierres qui se taillent, qui sortent de la carrière, qui montent les unes sur les autres sans laisser de vide, qui portent avec elles leur ciment pour leur liaison, qui s'arrangent pour distribuer les appartements, qui reçoivent au-dessus d'elles le bois d'une charpente avec les tuiles, pour mettre l'ouvrage à couvert ? Les enfants mêmes qui bégayent encore riraient si on leur proposait sérieusement cette fable.

[§5] Mais pourquoi rirait-on moins d'entendre que le monde s'est fait de lui-même comme cette maison fabuleuse ? Il ne s'agit pas de comparer le monde à une caverne informe qu'on suppose faite par le hasard ; il s'agit de le comparer à une maison où éclaterait la plus parfaite architecture. Le moindre animal est d'une structure et d'un art infiniment plus admirable que la plus belle de toutes les maisons.

[§6] Un voyageur entrant dans le Saïde, qui est le pays de l'ancienne Thèbes à cent portes, et qui est maintenant désert, y trouverait des colonnes, des pyramides, des obélisques avec des inscriptions en caractères inconnus. Dirait-il aussitôt : les hommes n'ont jamais habité ces lieux, aucune main d'homme n'a travaillé ici ; c'est le hasard qui a formé ces colonnes, qui les a posées sur leurs piédestaux et qui les a couronnées de leurs chapiteaux avec des proportions si justes ; c'est le hasard qui a lié si solidement les morceaux dont ces pyramides sont composées ; c'est le hasard qui a taillé ces obélisques d'une seule pierre et qui y a gravé tous ces caractères ? Ne dirait-il pas au contraire, avec toute la certitude dont l'esprit des hommes est capable : Ces magnifiques débris sont les restes d'une architecture majestueuse qui florissait dans l'ancienne Égypte?

[§7] Voilà ce que la simple raison fait dire au premier coup d'œil et sans avoir besoin de raisonner. Il en est de même du premier coup d'œil jeté sur l'univers. On peut s'embrouiller soi-même après coup par de vains raisonnements pour obscurcir ce qu'il y a de plus clair; mais le simple coup d'œil est décisif. Un ouvrage tel que le monde ne se fait jamais de lui-même : les os, les tendons, les veines, les artères, les nerfs, les muscles qui composent le corps de l'homme, ont plus d'art et de proportion que toute l'architecture des anciens Grecs et Égyptiens. L'œil du moindre animal surpasse la mécanique de tous les artisans ensemble. Si on trouvait une montre dans les sables d'Afrique, on n'oserait dire sérieusement que le hasard l'a formée dans ces lieux déserts ; et on n'a point de honte de dire que les corps des animaux, à l'art desquels nulle montre ne peut jamais être comparée, sont des caprices du hasard !

[§8] Je n'ignore pas un raisonnement que les épicuriens peuvent faire. Les atomes, diront-ils, ont un mouvement éternel ; leur concours fortuit doit avoir déjà épuisé, dans cette éternité, des combinaisons infinies. Qui dit l'infini dit quelque chose qui comprend tout sans exception. Parmi ces combinaisons infinies des atomes qui sont déjà arrivées successivement, il faut nécessairement qu'on y trouve toutes celles qui sont possibles. S'il y en avait une seule de possible au-delà de celles qui sont contenues dans cet infini, il ne serait plus un infini véritable, parce qu'on pourrait y ajouter quelque chose, et que ce qui peut être augmenté, ayant une borne par le côté susceptible d'accroissement, n'est point véritablement infini. Il faut donc que la combinaison des atomes, qui fait le système présent du monde, soit une des combinaisons que les atomes ont eues successivement. Ce principe étant posé, faut-il s'étonner que le monde soit tel qu'il est? Il a dû prendre cette forme précise un peu plus tôt ou un peu plus tard. Il fallait bien qu'il parvînt, dans quelqu'un de ces changements infinis, à cette combinaison qui le rend aujourd'hui si régulier, puisqu'il doit avoir déjà eu tour à tour toutes les combinaisons concevables. Dans le total de l'éternité sont renfermés tous les systèmes : il n'y en a aucun que le concours des atomes ne forme et n'embrasse tôt ou tard. Dans cette variété infinie de nouveaux spectacles de la nature, celui-ci a été formé en son rang : il a trouvé place à son tour. Nous nous trouvons actuellement dans ce système. Le concours des atomes qui l'a fait le défera ensuite, pour en faire d'autres à l'infini de toutes les espèces possibles. Ce système ne pouvait manquer de trouver sa place, puisque tous, sans exception, doivent trouver la leur chacun à son tour. C'est en vain qu'on cherche un art chimérique dans un ouvrage que le hasard a dû faire tel qu'il est.

[§9] Un exemple achèvera d'éclaircir ceci. Je suppose un nombre infini de combinaisons des lettres de l'alphabet formées successivement par le hasard : toutes les combinaisons possibles sont sans doute renfermées dans ce total, qui est véritablement infini. Or est-il que *L'Iliade* d'Homère n'est qu'une combinaison de lettres ? *L'Iliade* d'Homère est donc renfermée dans ce recueil infini de combinaisons des caractères de l'alphabet. Ce fait étant supposé, un homme qui voudra trouver de l'art dans *L'Iliade* raisonnera très mal. Il aura beau admirer l'harmonie des vers, la justesse et la magnificence des expressions, la naïveté des peintures, la proportion des parties du poème, son unité parfaite et sa conduite inimitable ; en vain il se récriera que le hasard ne peut jamais faire rien de si parfait, et que le dernier effort de l'art humain peut à peine achever un si bel ouvrage : tout ce raisonnement si précieux portera visiblement à faux. Il sera certain que le hasard ou concours fortuit des caractères les assemblant tour à tour avec une variété infinie, il a fallu que la combinaison précise qui fait *L'Iliade* vint à son tour, un peu plus tôt ou un peu plus tard. Elle est enfin venue, et *L'Iliade* entière se trouve parfaite, sans que l'art d'un Homère s'en soit mêlé. Voilà l'objection rapportée de bonne foi, sans l'affaiblir en rien. Je demande au lecteur une attention suivie pour les réponses que j'y vais faire.

[§10] I. Rien n'est plus absurde que de parler de combinaisons successives des atomes qui soient infinies en nombre. L'infini ne peut jamais être successif ni divisible. Donnez-moi un nombre que vous prétendez être infini ; je pourrai toujours faire deux choses qui démontreront que ce n'est pas un infini véritable : 1° j'en puis retrancher une unité : alors il deviendra moindre qu'il n'était et sera certainement fini ; car tout ce qui est moindre que l'infini a une borne par l'endroit où l'on s'arrête, et où l'on pourrait aller au delà : or le nombre qui est fini dès qu'on retranche une seule unité ne pouvait pas être infini avant ce retranchement. Une seule unité est certainement finie : or un fini joint à un autre fini ne saurait faire l'infini. Si une seule unité ajoutée à un nombre fini faisait l'infini, il faudrait dire que le fini égalerait presque l'infini ; ce qui est le comble de l'absurdité ; 2° je puis ajouter une unité à ce nombre, et par conséquent l'augmenter ; or ce qui peut être augmenté n'est point infini, car l'infini ne peut avoir aucune borne ; et ce qui peut recevoir de l'augmentation est borné par l'endroit où l'on s'arrête,

pouvant aller plus loin, et y ajouter quelque unité. Il est donc
évident que nul composé divisible ne peut être l'infini véritable.

[§11] Ce fondement étant posé, tout le roman de la philosophie
épicurienne disparaît en un moment. Il ne peut jamais y avoir aucun corps divisible qui soit véritablement infini en étendue, ni aucun nombre, ni aucune succession qui soit un infini véritable. De là
il s'ensuit qu'il ne peut jamais y avoir un nombre successif de combinaisons d'atomes qui soit infini. Si cet infini chimérique était véritable, toutes les combinaisons possibles et concevables d'atomes
s'y rencontreraient, j'en conviens ; par conséquent il serait vrai
qu'on y trouverait toutes les combinaisons qui semblent demander
la plus grande industrie : ainsi on pourrait attribuer au pur hasard
tout ce que l'art fait de plus merveilleux.

[§12] Si on voyait des palais d'une parfaite architecture, des
meubles, des montres, des horloges et toutes sortes de machines
les plus composées dans une île déserte, il ne serait plus permis de
conclure qu'il y a eu des hommes dans cette île, et qu'ils ont fait
tous ces beaux ouvrages. Il faudrait dire : peut-être qu'une des
combinaisons infinies des atomes, que le hasard a faites successivement, a formé tous ces composés dans cette île déserte, sans que
l'industrie d'aucun homme s'en soit mêlée. Ce discours ne serait
qu'une conséquence très bien tirée du principe des épicuriens :
mais l'absurdité de la conséquence sert à faire sentir celle du
principe qu'ils veulent poser.

[§13] Quand les hommes, par la droiture naturelle de leur sens
commun, concluent que ces sortes d'ouvrages ne peuvent venir du
hasard, ils supposent visiblement, quoique d'une manière confuse,
que les atomes ne sont point éternels et qu'ils n'ont point eu dans
leur concours fortuit une succession de combinaisons infinies ; car,
si on supposait ce principe, on ne pourrait plus distinguer jamais
les ouvrages de l'art d'avec ceux de ces combinaisons, qui seraient
fortuites comme des coups de dés.

[§14] Tous les hommes qui supposent naturellement une différence sensible entre les ouvrages de l'art et ceux du hasard supposent donc, sans l'avoir bien approfondi, que les combinaisons
d'atomes n'ont point été infinies ; et leur supposition est juste.
Cette succession infinie de combinaisons d'atomes est, comme je
l'ai déjà montré, une chimère plus absurde que toutes les absurdités qu'on voudrait expliquer par ce faux principe. Aucun nombre,
ni successif ni continu, ne peut être infini : d'où il s'ensuit clairement que les atomes ne peuvent être infinis en nombre, que la suc-

cession de leurs divers mouvements et de leurs combinaisons n'a
pu être infinie, que le monde n'a pu être éternel, et qu'il faut trouver un commencement précis et fixe de ces combinaisons successives. Il faut trouver un premier individu dans les générations de
chaque espèce ; il faut trouver de même la première forme qu'a eue
chaque portion de matière qui fait partie de l'univers : et comme les
changements successifs de cette matière n'ont pu avoir qu'un
nombre borné, il ne faut admettre dans ces différentes combinaisons que celles que le hasard produit d'ordinaire, à moins qu'on ne
reconnaisse une sagesse supérieure qui ait fait avec un art parfait les
arrangements que le hasard n'aurait su faire.

[§15] II. Les philosophes épicuriens sont si faibles dans leur système, qu'ils ne peuvent venir à bout de le former qu'autant qu'on
leur donne sans preuve tout ce qu'ils demandent de plus fabuleux.
Ils supposent d'abord des atomes éternels ; c'est supposer ce qui est
en question. Où prennent-ils que les atomes ont toujours été et
sont par eux-mêmes ? Être par soi-même, c'est la suprême perfection. De quel droit supposent-ils, sans preuve, que les atomes ont
un être parfait, éternel, immuable dans leur propre fonds ?
Trouvent-ils cette perfection dans l'idée qu'ils ont de chaque atome
en particulier ? Un atome n'étant pas l'autre, et étant absolument
distingué de lui, il faudrait que chacun d'eux portât en soi l'éternité
et l'indépendance à l'égard de tout autre être. Encore une fois, est-
ce dans l'idée qu'ils ont de chaque atome que ces philosophes
trouvent cette perfection ? Mais donnons-leur là-dessus tout ce
qu'ils demanderont et ce qu'ils ne devraient pas même oser demander. Supposons donc que les atomes sont éternels, existants par
eux-mêmes, indépendants de tout autre être et par conséquent entièrement parfaits.

[§16] Faudra-t-il supposer encore qu'ils ont par eux-mêmes le
mouvement ? Le supposera-t-on à plaisir, pour réaliser un système
plus chimérique que les contes des fées ? Consultons l'idée que
nous avons d'un corps ; nous le concevons parfaitement, sans supposer qu'il se meuve : nous nous le représentons en repos ; et l'idée
n'en est pas moins claire en cet état ; il n'en a pas moins ses parties,
sa figure et ses dimensions.

[§17] C'est en vain qu'on veut supposer que tous les corps sont
sans cesse en quelque mouvement sensible ou insensible, et que si
quelques portions de la matière sont dans un moindre mouvement
que les autres, du moins la masse universelle de la matière a toujours dans sa totalité le même mouvement. Parler ainsi, c'est parler

en l'air et vouloir être cru sur tout ce qu'on s'imagine. Où prend-on que la masse de la matière a toujours dans sa totalité le même mouvement? Qui est-ce qui en a fait l'expérience? Ose-t-on appeler philosophie cette fiction téméraire qui suppose ce qu'on ne peut jamais vérifier? N'y a-t-il qu'à supposer tout ce qu'on veut, pour éluder les vérités les plus simples et les plus constantes? De quel droit suppose-t-on aussi que tous les corps se meuvent sans cesse sensiblement ou insensiblement? Quand je vois une pierre qui paraît immobile, comment me prouvera-t-on qu'il n'y a aucun atome dans cette pierre qui ne se meuve actuellement? Ne me donnera-t-on jamais, pour preuves décisives, que des suppositions sans vraisemblance?

[§18] Allons encore plus loin. Supposons, par un excès de complaisance, que tous les corps de la nature se meuvent actuellement: s'ensuit-il que le mouvement leur soit essentiel et qu'aucun d'eux ne puisse jamais être en repos? S'ensuit-il que le mouvement soit essentiel à toute portion de matière? D'ailleurs, si tous les corps ne se meuvent pas également; si les uns se meuvent plus sensiblement et plus fortement que les autres; si le même corps peut se mouvoir tantôt plus et tantôt moins; si un corps qui se meut communique son mouvement au corps voisin qui était en repos, ou dans un mouvement tellement inférieur qu'il était insensible il faut avouer qu'une manière d'être qui tantôt augmente et tantôt diminue dans les corps ne leur est pas essentielle.

[§19] Ce qui est essentiel à un être est toujours le même en lui. Le mouvement qui varie dans les corps et qui, après avoir été augmenté, se ralentit jusqu'à paraître absolument anéanti; le mouvement qui se perd, qui se communique, qui passe d'un corps dans un autre comme une chose étrangère, ne peut être de l'essence des corps. Je dois donc conclure que les corps sont parfaits dans leur essence, sans qu'on leur attribue aucun mouvement: s'ils ne l'ont point par leur essence, ils ne l'ont que par accident; s'ils ne l'ont que par accident, il faut remonter à la vraie cause de cet accident. Il faut, ou qu'ils se donnent eux-mêmes le mouvement, ou qu'ils le reçoivent de quelque autre être. Il est évident qu'ils ne se le donnent point eux-mêmes; nul être ne se peut donner ce qu'il n'a pas en soi. Nous voyons même qu'un corps qui est en repos demeure toujours immobile, si quelque autre corps voisin ne vient l'ébranler. Il est donc vrai que nul corps ne se meut par soi-même et n'est mû que par quelque autre corps qui lui communique son mouvement.

[§20] Mais d'où vient qu'un corps en peut mouvoir en autre ? D'où vient qu'une boule qu'on fait rouler sur une table unie ne peut en aller toucher une autre sans la remuer ? Pourquoi n'aurait-il pas pu se faire que le mouvement ne se communiquât jamais d'un corps à un autre ? En ce cas, une boule mue s'arrêterait auprès d'une autre en la rencontrant et ne l'ébranlerait jamais.

[§21] On me répondra que les lois du mouvement entre les corps décident que l'un ébranle l'autre. Mais où sont-elles écrites ces lois du mouvement ? Qui est-ce qui les a faites et qui les rend si inviolables ? Elles ne sont point dans l'essence des corps ; car on peut concevoir les corps en repos, et on conçoit même des corps dont les uns ne communiqueraient point leur mouvement aux autres, si ces règles, dont la source est inconnue, ne les y assujettissaient. D'où vient cette police, pour ainsi dire arbitraire, pour le mouvement entre tous les corps ? D'où viennent ces lois si ingénieuses, si justes, si bien assorties les unes aux autres, et dont la moindre altération renverserait tout à coup tout le bel ordre de l'univers ?

[§22] Un corps étant entièrement distingué de l'autre, il est par le fond de sa nature absolument indépendant de lui en tout : d'où il s'ensuit qu'il ne doit rien recevoir de lui, et qu'il ne doit être susceptible d'aucune de ses impressions. Les modifications d'un corps ne sont point une raison pour modifier de même un autre corps, dont l'être est entièrement indépendant de l'être du premier. C'est en vain qu'on allègue que les masses les plus solides et les plus pesantes entraînent celles qui sont moins grosses et moins solides et que, suivant cette règle, une grosse boule de plomb doit ébranler une petite boule d'ivoire. Nous ne parlons point du fait ; nous en cherchons la cause. Le fait est constant ; la cause en doit aussi être certaine et précise. Cherchons-la sans aucune prévention, et dans un plein doute sur tout préjugé. D'où vient qu'un gros corps en entraîne un petit ? La chose pourrait se faire tout aussi naturellement d'une autre façon ; il pourrait tout aussi bien se faire que le corps le plus solide ne pût jamais ébranler aucun autre corps, c'est-à-dire que le mouvement fût incommunicable. Il n'y a que l'habitude qui nous assujettisse à supposer que la nature doit agir ainsi.

[§23] De plus, nous avons vu que la matière ne peut être ni infinie ni éternelle. Il faut donc trouver un premier atome par où le mouvement aura commencé dans un moment précis, et un premier concours des atomes qui aura formé une première combinaison. Je demande quel moteur a mû ce premier atome et a donné ce pre-

mier branle à la machine de l'univers. Il n'est pas permis d'éluder
une question si précise par un cercle sans fin. Ce cercle, dans un
tout fini, doit avoir une fin certaine : il faut trouver le premier
atome ébranlé, et le premier moment de cette première motion,
avec le premier moteur dont la main a fait ce premier coup.

[§24] Parmi les lois du mouvement, il faut regarder comme arbitraires toutes celles dont on ne trouve pas la raison dans l'essence
même des corps. Nous avons déjà vu que nul mouvement n'est essentiel à aucun corps. Donc toutes ces lois qu'on suppose comme
éternelles et immuables sont au contraires arbitraires, accidentelles
et instituées sans nécessité ; car il n'y en a aucune dont on trouve la
raison dans l'essence d'aucun corps.

[§25] S'il y avait quelque règle du mouvement qui fût essentielle
aux corps, ce serait sans doute celle qui fait que les masses moins
grandes et moins solides sont mues par celles qui ont plus de grandeur et de solidité : or nous avons vu que celle-là même n'a point
de raison dans l'essence des corps. Il y en a une autre qui semble-
rait encore être très naturelle : c'est celle que les corps se meuvent
toujours plutôt en ligne directe qu'en ligne détournée, à moins
qu'ils ne soient contraints dans leur mouvement par la rencontre
d'autres corps ; mais cette règle même n'a aucun fondement réel
dans l'essence de la matière. Le mouvement est tellement accidentel et surajouté à la nature des corps, que cette nature des corps ne
nous montre point une règle primitive et immuable, suivant laquelle ils doivent se mouvoir et encore moins se mouvoir suivant
certaines règles. De même que les corps auraient pu ne se mouvoir
jamais, ou ne se communiquer jamais de mouvement les uns aux
autres, ils auraient pu aussi ne se mouvoir jamais qu'en ligne circulaire ; et ce mouvement aurait été aussi naturel que le mouvement
en ligne directe. Qui est-ce qui a choisi entre ces deux règles également possibles ? Ce que l'essence des corps ne décide point ne peut
avoir été décidé que par celui qui a donné aux corps le mouvement
qu'ils n'avaient point par leur essence. D'ailleurs ce mouvement en
ligne directe pouvait être de bas en haut ou de haut en bas, du côté
droit au côté gauche, ou du côté gauche au droit, ou en ligne diagonale. Qui est-ce qui a déterminé le sens dans lequel la ligne
droite serait suivie ?

[§26] Ne nous lassons point de suivre les épicuriens dans leurs
suppositions les plus fabuleuses ; poussons la fiction jusqu'au dernier excès de complaisance. Mettons le mouvement dans l'essence
des corps. Supposons à leur gré que le mouvement en ligne directe

est encore de l'essence de tous les atomes. Donnons aux atomes une intelligence et une volonté, comme les poètes en ont donné aux rochers et aux fleurs. Accordons-leur le choix du sens dans lequel ils commenceront leur ligne droite. Quels fruits tireront ces philosophes de tout ce que je leur aurai donné contre toute évidence? Il faudra : 1° que tous les atomes se meuvent de toute éternité ; 2° qu'ils se meuvent tous également ; 3° qu'ils se meuvent tous en ligne droite ; 4° qu'ils le fassent par une règle immuable et essentielle.

[§27] Je veux bien encore, par grâce, supposer que ces atomes sont de figures différentes ; car je laisse supposer à nos adversaires tout ce qu'ils seraient obligés de prouver, et sur quoi ils n'ont pas même l'ombre d'une preuve. On ne saurait trop donner à des gens qui ne peuvent jamais rien conclure de tout ce qu'on leur donnera. Plus on leur passe d'absurdités, plus ils sont pris par leurs propres principes.

[§28] Ces atomes de tant de bizarres figures, les uns ronds, les autres crochus, les autres en triangle, etc., sont obligés par leur essence d'aller toujours tout droit, sans pouvoir jamais tant soit peu fléchir ni à droite ni à gauche. Ils ne peuvent donc jamais s'accrocher ni faire ensemble aucune composition. Mettez tant qu'il vous plaira les crochets les plus aiguisés auprès d'autres crochets semblables : si chacun d'eux ne se meut jamais qu'en ligne véritablement directe, ils se mouvront éternellement tout auprès les uns des autres sur des lignes parallèles, sans pouvoir se joindre et s'accrocher. Les deux lignes droites qu'on suppose parallèles, quoique immédiatement voisines, ne se couperont jamais, quand même on les pousserait à l'infini. Ainsi, pendant toute l'éternité, il ne peut résulter aucun accrochement, ni par conséquent aucune composition, de ce mouvement des atomes en ligne droite.

[§29] Les épicuriens, ne pouvant fermer les yeux à l'évidence de cet inconvénient, qui sape les fondements de tout leur système, ont encore inventé comme une dernière ressource ce que Lucrèce nomme *clinamen*. C'est un mouvement qui décline un peu de la ligne droite, et qui donne moyen aux atomes de se rencontrer. Ainsi ils les tournent en imagination comme il leur plaît, pour parvenir à quelque but. Mais où prennent-ils cette petite inflexion des atomes, qui vient si à propos pour sauver leur système ? Si la ligne droite pour le mouvement est essentielle aux corps, rien ne peut les fléchir, ni par conséquent les joindre pendant toute l'éternité ; le *clinamen* viole l'essence de la matière, et ces philosophes se contredisent sans pudeur. Si au contraire la ligne droite pour le mouvement n'est pas essentielle à tous les corps, pourquoi nous allègue-t-on d'un ton si affirmatif des lois éternelles, nécessaires et immuables pour le mouvement des atomes, sans recourir à un premier moteur? Et pourquoi élève-t-on tout un système de philosophie sur le fondement d'une fable si ridicule? Sans le *clinamen*, la ligne droite ne peut jamais rien faire, et le système tombe par terre. Avec le *clinamen*, inventé comme les fables des poètes, la ligne droite est violée, et le système se tourne en dérision. L'un et l'autre, c'est-à-dire la ligne droite et le *clinamen*, sont des suppositions en l'air et de purs songes. Mais ces deux songes s'entre-détruisent ; et voilà à quoi aboutit la licence effrénée que les esprits se donnent de supposer comme vérité éternelle tout ce que leur imagination leur fournit pour autoriser une fable, pendant qu'ils refusent de reconnaître l'art avec lequel toutes les parties de l'univers ont été formées et mises en leurs places.

[§30] Pour dernier prodige d'égarement, il fallait que les épicuriens osassent expliquer encore par ce *clinamen*, qui est lui-même si inexplicable, ce que nous appelons l'âme de l'homme et son libre arbitre. Ils sont donc réduits à dire que c'est dans ce mouvement où les atomes sont dans une espèce d'équilibre entre la ligne droite et la ligne un peu courbée que consiste la volonté humaine.

[§31] Étrange philosophie! Les atomes, s'ils ne vont qu'en ligne droite, sont inanimés, incapables de tout degré de connaissance et de volonté ; mais les mêmes atomes, s'ils ajoutent à la ligne droite un peu de déclinaison, deviennent tout à coup animés, pensants et raisonnables ; ils sont eux-mêmes des âmes intelligentes, qui se connaissent, qui réfléchissent, qui délibèrent et qui sont libres dans ce qu'elles font. Quelles métamorphoses plus absurdes que celles des poètes! Que dirait-on de la religion, si elle avait besoin, pour être prouvée, de principes aussi puérils que ceux de la philosophie, qui ose la combattre sérieusement?

[§32] Mais remarquons à quel point ces philosophes s'imposent à eux-mêmes. Qu'est-ce qu'ils peuvent trouver dans le *clinamen* qui explique avec quelque couleur la liberté de l'homme? Cette liberté n'est point imaginaire ; et il faudrait douter de tout ce qui nous est le plus intime et le plus certain, pour douter de notre libre arbitre. Je sens que je suis libre de demeurer assis, quand je me lève pour marcher ; je le sens avec une si pleine certitude, qu'il n'est pas en mon pouvoir d'en douter jamais sérieusement, et que je me démentirais moi-même si j'osais dire le contraire. Peut-on pousser plus loin l'évidence de la preuve de la religion? Il faut douter de notre liberté même, pour pouvoir douter de la Divinité : d'où je conclus qu'on ne saurait douter de la Divinité sérieusement ; car personne ne peut entrer en un doute sérieux sur sa propre liberté. Si, au contraire, on avoue de bonne foi que les hommes sont véritablement libres, rien n'est plus facile que de montrer que la liberté de la volonté humaine ne peut consister en aucune combinaison des atomes.

[§33] S'il n'y a aucun premier moteur qui ait donné à la matière des lois arbitraires pour son mouvement, il faut que le mouvement soit essentiel aux corps, et que toutes les lois du mouvement soient aussi nécessaires que les essences des natures le sont. Tous les mouvements des corps doivent donc, suivant ce système, se faire par des lois constantes, nécessaires et immuables. La ligne droite doit donc être essentielle à tous les atomes qui ne sont pas détournés par d'autres atomes. La ligne droite doit être essentielle, ou de bas en haut, ou de haut en bas, ou de droite à gauche, ou de gauche à droite, ou de quelque sens de diagonale qui soit précis ou immuable. D'ailleurs il est évident que nul atome ne peut être détourné par un autre ; car cet autre atome porte aussi dans son essence la même détermination invincible et éternelle à suivre la ligne directe dans le même sens. D'où il s'ensuit que tous les atomes, d'abord posés sur différentes lignes, doivent parcourir à l'infini ces mêmes lignes parallèles sans s'approcher jamais, et que ceux qui sont dans la même ligne doivent se suivre les uns les autres à l'infini sans pouvoir s'attraper. Le *clinamen*, comme nous l'avons déjà dit, est manifestement impossible ; mais supposant, contre la vérité évidente, qu'il soit possible, il faudrait alors dire que le *clinamen* n'est pas moins nécessaire, immuable et essentiel aux atomes que la ligne droite.

[§34] Dira-t-on qu'une loi essentielle et immuable du mouvement local des atomes explique la véritable liberté de l'homme? Ne voit-on pas que le *clinamen* ne peut pas mieux l'expliquer que la ligne directe même? Le *clinamen*, s'il était vrai, serait aussi nécessaire que la ligne perpendiculaire, par laquelle une pierre tombe du haut d'une tour dans la rue. Cette pierre est-elle libre dans sa chute ? La volonté de l'homme, selon le principe du *clinamen*, ne l'est pas davantage. Est-ce ainsi qu'on explique la liberté ? Est-ce ainsi que l'homme ose démentir son propre cœur sur son libre arbitre, de peur de reconnaître son Dieu ? D'un côté, dire que la liberté de l'homme est imaginaire, c'est étouffer la voix et le sentiment de toute la nature ; c'est se démentir sans pudeur ; c'est nier ce qu'on porte de plus certain au fond de soi-même ; c'est vouloir réduire un homme à croire qu'il ne peut jamais choisir entre les deux partis sur lesquels il délibère de bonne foi en toute occasion. Rien n'est plus glorieux à la religion que de voir qu'il faille tomber dans des excès si monstrueux, dès qu'on veut révoquer en doute ce qu'elle enseigne. D'un autre côté, avouer que l'homme est véritablement libre, c'est reconnaître en lui un principe qui ne peut jamais être expliqué sérieusement par les combinaisons d'atomes et par les lois du mouvement local, qu'on doit supposer toutes également nécessaires et essentielles à la matière, dès qu'on nie le premier moteur. Il faut donc sortir de toute l'enceinte de la matière et chercher loin des atomes combinés quelque principe incorporel, pour expliquer le libre arbitre, dès qu'on l'admet de bonne foi. Tout ce qui est matière et atomes ne se meut que par des lois nécessaires, immuables et invincibles. La liberté ne peut donc se trouver ni dans les corps ni dans aucun mouvement local ; il faut donc la chercher dans quelque être incorporel. Cet être incorporel, qui doit se trouver en moi uni à mon corps, quelle main l'a attaché et assujetti aux organes de cette machine corporelle ? Où est l'ouvrier qui lie des natures si différentes ? Ne faut-il pas une puissance supérieure aux corps et aux esprits, pour les tenir dans cette union avec un empire si absolu ?

[§35] Deux atomes crochus, dit un épicurien, s'accrochent ensemble. Tout cela est faux, selon mon système ; car j'ai prouvé que ces deux atomes crochus ne s'accrochent jamais, faute de se rencontrer. Mais enfin, après avoir supposé que deux atomes crochus s'unissent en s'accrochant, il faudra que l'épicurien avoue que l'être pensant qui est libre dans ses opérations, et qui par conséquent n'est point un amas d'atomes toujours mus par des lois nécessaires, est incorporel, et qu'il n'a pu s'accrocher par sa figure au corps qu'il anime. Ainsi l'épicurien, de quelque côté qu'il se tourne, renverse de ses propres mains son système. Mais gardons-nous bien de vouloir confondre les hommes qui se trompent, puisque nous sommes hommes comme eux, et aussi capables de nous tromper : plaignons-les ; ne songeons qu'à les éclairer avec patience, qu'à les édifier, qu'à prier pour eux et qu'à conclure en faveur d'une vérité évidente.

MARX, LA *DISSERTATION* DE 1841
AVERTISSEMENT

En regard sont présentés ici, sur la page de gauche, le texte allemand de la *Dissertation* de 1841, et sur la page de droite notre traduction.

Le texte allemand reproduit celui de l'édition Marx/Engels,
Historisch-Kritische Gesamtausgabe, Erste Abteilung, MEGA, Band 1,
Erster Halbband, Seite. 3-81 (Karl Marx, Friedrich Engels: Werke.
Berlin 1968, Band 40.), sous le titre Karl Marx, *Differenz der demokritischen und epikureischen Naturphilosophie nebst einem An-
hange*. Elle a été établie à partir d'un manuscrit partiel (conservé à
l'Institut international d'histoire sociale d'Amsterdam) du manuscrit
original, celui adressé à l'université de Iéna, qui est perdu.

Le texte de Marx présente quelques obscurités, dues à des co-
quetteries de rédacteur voulant régler ses comptes avec Hegel, mais
qui fait usage du vocabulaire hégélien. Par exemple *aufheben*, en
allemand, peut dire : supprimer, annuler, infirmer, chez Hegel il désigne le troisième moment de la dialectique, celui où la contradiction est absorbée-dépassée dans une réalité nouvelle.

Les chiffres entre parenthèses dans le texte sont les renvois des
notes de Marx lui-même. Dans le manuscrit, Marx cite les auteurs
anciens dans la langue originale et les éditions de son époque, lesquelles, pour la plupart sont dépassées ; les traductions en allemand
sont le fait des éditeurs de la MEGA. C'est pourquoi, nous avons pris
le parti de donner en note les traductions actuelles. Pour Épicure,
nous avons cité Pierre-Marie Morel, et pour Lucrèce, José Kany-Turpin. Pour les autres, nous indiquons le traducteur. Il sera toutefois
précieux de s'assurer que, compte tenue des sources dont il dispo-
sait en 1841, Marx n'a pas été conduit à des interprétations de
lecture erronées.

ZWEITER TEIL

ÜBER DIE DIFFERENZ DER DEMOKRITISCHEN
UND EPIKUREISCHEN PHYSIK IM EINZELNEN

ERSTES KAPITEL
DIE DEKLINATION DES ATOMS VON DER GERADEN LINIE

Epikur nimmt eine *dreifache* Bewegung der Atome im Leeren
an.[1] Die eine Bewegung ist die des *Falls in gerader Linie*; die andere entsteht dadurch, daß das Atom von der geraden Linie ab-
weicht; und die dritte wird gesetzt durch die *Repulsion der vielen
Atome*. Die Annahme der ersten und letzten Bewegung hat Demokrit mit dem Epikur gemein, die *Deklination des Atoms* von der geraden Linie unterscheidet ihn von demselben.[2]

Über diese deklinierende* Bewegung ist viel gescherzt worden.
Cicero vor allen ist unerschöpflich, wenn er dies Thema berührt. So
heißt es unter anderm bei ihm:»Epikur behauptet, die Atome würden durch ihr Gewicht abwärts getrieben in gerader Linie; diese
Bewegung sei die natürliche der Körper. Dann aber fiel es auf, daß,
wenn alle von oben nach unten getrieben würden, nie ein Atom
das andere treffen könne. Der Mann nahm daher zu einer Lüge
seine Zuflucht. Er sagte, das Atom weiche ganz wenig aus, was aber
durchaus unmöglich ist. Daher entständen Komplexionen, Kopula-
tionen und Adhäsitationen der Atome unter sich und aus diesen die
Welt und alle Teile der Welt und was in ihr ist. Außer dem, daß
diese ganze Sache knabenhaft fingiert ist, erreicht er nicht einmal,
was er will.«[3] Eine andere Wendung finden wir bei Cicero im 1.

(1) STOB., *Mélanges de Physique*, I, p. 33. «Épicure dit [...] que les atomes se meuvent
quelquefois verticalement vers le bas, parfois en déviant d'une ligne droite, mais le
mouvement vers le haut est dû à des collisions et au recul.» Cf. Cic., *De finibus*, Livre I,
VI. (Plutarque), *Opinions des Philosophes*, L. I, ch. 12 [883B] «Pour Épicure, les atomes
se déplacent tantôt à la perpendiculaire, tantôt à l'oblique, mais quand ils se déplacent
vers le haut, c'est sous l'effet d'un coup ou d'une vibration ». Stobée, loc. cit., p. 40.
(2) Cicéron, *De la nature des dieux*, 1, XXVI [73]. «Qu'y a-t-il en effet dans la physique
d'Épicure qui ne vienne de Démocrite? Même s'il a changé certaines choses, comme je
l'ai dit tout à l'heure à propos de la déviation des atomes [...]»
* von Marx korrigiert aus: letzte.

DEUXIÈME PARTIE

DE LA DIFFÉRENCE ENTRE LES PHYSIQUES
DE DÉMOCRITE ET D'ÉPICURE EN PARTICULIER

CHAPITRE PREMIER
LA DÉCLINAISON DES ATOMES DE LA LIGNE DROITE

Épicure suppose un *triple* mouvement des atomes dans le vide.[1] Le premier mouvement est la *chute en ligne droite*, le deuxième résulte de l'écart de l'atome de la ligne droite ; et le troisième est posé par *la répulsion des atomes en grand nombre*. Démocrite partage avec Épicure le premier et le troisième mouvement, *la déclinaison de l'atome* de la ligne droite l'en différencie.[2]

Ce mouvement de déclinaison* a souvent été raillé. Cicéron, plus qu'un autre, est inépuisable quand il aborde ce thème. Entre autre, on lit chez lui : «Épicure prétend que les atomes sont entraînés vers le bas par leur poids en ligne droite ; ce mouvement serait naturel aux corps. Mais, alors il se rendit compte que, si tous étaient attirés du haut vers le bas, jamais aucun atome ne pourrait en rencontrer un autre. Le bonhomme chercha alors son salut dans un mensonge. Il affirma : l'atome dévie très légèrement, ce qui cependant est absolument impossible. De là proviendraient les compositions, unions et agrégats d'atomes entre eux, et de ceux-ci proviendraient le monde et toutes les parties du monde et tous ce qui s'y trouve. Outre que toute cette affaire est une fiction puérile, il n'arrive pas même à ce qu'il recherche.» [3] Nous en trouvons une

(3) Cic., *De fin.*, I, 6. [Épicure] «pense que ces corps invisibles et solides sont portés par leur poids de haut en bas, selon le mouvement qui est naturel à tous les corps. [19] Puis sur ce même point, cet homme subtil, s'apercevant que, si tous les corps se déplaçaient de haut en bas et, comme je l'ai dit, suivant la verticale, aucun atome ne pourrait toucher un autre atome, il imagina un expédient, affirmant que l'atome dévie d'une distance infiniment petite. C'est ainsi que se produiraient les connexions, les unions, les agrégats d'atomes, qui créeraient le monde, toutes ses parties et tout ce qui existe en lui. Non seulement cela est une fiction d'enfant, mais de surcroît elle n'abouti pas au résultat escompté.» Trad. Carlos Lévy, op. cit. p. 792.
* Marx a biffé et corrigé : dernier.

Buch der Schrift»Über die Natur der Götter«: »Da Epikur einsah,
daß, wenn die Atome durch ihr eigenes Gewicht abwärts getrieben
würden, nichts in unserer Gewalt stände, weil ihre Bewegung
bestimmt und notwendig ist: erfand er ein Mittel, der Notwendigkeit zu entgehen, was dem Demokrit entgangen war. Er sagt, das
Atom, obgleich es durch Gewicht und Schwere von oben nach unten getrieben wird, weiche ein klein wenig aus. Dies zu behaupten
ist schmählicher als das, was er will, nicht verteidigen zu können.«[4]

Ähnlich urteilt *Pierre Bayle*: »Avant lui« (c.-à-d. Épicure) »on
n'avait admis dans les atomes que le mouvement de pesanteur, et
celui de réflexion. [...] Épicure supposa que même au milieu du
vide, les atomes déclinaient un peu de la ligne droite, et de là venait la liberté, disait-il... Remarquons en passant que ce ne fut [pas]
le seul motif qui le porta à inventer ce mouvement de déclinaison,
il le fit servir aussi a expliquer la rencontre des atomes; car il vit
bien qu'en supposant qu'ils se mouvaient [tous] avec une égale vitesse par des lignes droites qui tendaient toutes de haut en bas, il
ne ferait jamais comprendre qu'ils eussent pu se rencontrer, et
qu'ainsi la production du monde aurait été impossible. Il fallut
donc [...] qu'ils s'écartaient de la ligne droite.«[5]

Ich lasse einstweilen die Bündigkeit dieser Reflexionen dahin-
gestellt. Soviel wird jeder im Vorbeigehen bemerken können, daß
der neuste Kritiker des Epikur, *Schaubach*, den Cicero falsch aufgefaßt hat, wenn er sagt:[6]» Die Atome würden alle durch die
Schwere abwärts, also nach physischen Gründen parallel getrieben,
bekämen aber durch gegenseitiges Abstoßen* eine andere Bewegung**, nach Cicero (*de nat. deor.* I, 25[,69]) eine schräge Bewegung durch zufällige Ursachen, und zwar von Ewigkeit her.«Cicero
macht in der angeführten Stelle erstens nicht das Abstoßen zum
Grund der schrägen Richtung, sondern vielmehr die schräge Rich-

---

(4) Cic., *De nat. deor.*, I, 25. Cf. Cic., *De fat.*, 10. «Ainsi Épicure qui se rendait
compte que si les atomes étaient entraînés vers le bas par leur propre poids rien
ne serait en notre pouvoir, puisque leur mouvement serait déterminé et nécessaire, trouva le moyen d'échapper à la nécessité, ce qui, apparemment, avait échappé à Démocrite : il dit que l'atome, lorsqu'il est entraîné de haut en bas, en ligne
droite, par le poids et l'attraction vers le bas, dévie légèrement. [70] Dire cela, c'est
plus déshonorant que de ne pouvoir défendre la thèse qu'il soutient.» Trad. Clara
Auvray-Assais, op. cit. p. 765-66.
* bei Schaubach: (S. 549): Anstoßen (*ictu*).
** bei Schaubach: Richtung.

autre version dans le premier livre du traité de Cicéron *De la nature des dieux*: «Comme Épicure s'aperçut que, si les atomes se déplacent vers le bas entraînés par leur propre poids, rien ne serait en
notre pouvoir, car leur mouvement serait déterminé et nécessaire, il
inventa un moyen d'échapper à cette nécessité, un moyen qui avait
échappé à l'attention de Démocrite. Il dit que l'atome, bien
qu'entraîné vers le bas par son poids et sa gravité, s'écarte très légèrement. Affirmer ceci est plus honteux que d'être incapable de défendre ce qu'il veut.»[4]

Pierre Bayle exprime une opinion semblable: «Avant lui» (c.-à-d.
Épicure) «on n'avait admis dans les atomes que le mouvement de
pesanteur, et celui de réflexion. [...] Épicure supposa que même au
milieu du vide, les atomes déclinaient un peu de la ligne droite, et
de là venait la liberté, disait-il... Remarquons en passant que ce ne
fut [pas] le seul motif qui le porta à inventer ce mouvement de déclinaison, il le fit servir aussi à expliquer la rencontre des atomes;
car il vit bien qu'en supposant qu'ils se mouvaient [tous] avec une
égale vitesse par des lignes droites qui tendaient toutes de haut en
bas, il ne ferait jamais comprendre qu'ils eussent pu se rencontrer,
et qu'ainsi la production du monde aurait été impossible. Il faut
donc [qu'il supposât] qu'ils s'écartaient de la ligne droite.»[5]

Je laisse provisoirement en suspens la validité de ces réflexions.
En passant, chacun remarquera que le critique le plus récent d'Épicure, *Schaubach*, a mal compris Cicéron quand il dit [6]: «Les
atomes sont tous entraînés vers le bas par la pesanteur, c'est-à-dire
suivant des parallèles pour des raisons physiques, mais, par répulsion réciproque*, ils acquièrent un autre mouvement**, d'après Cicéron (*De la nature des dieux*, I, XXV [,69]) un mouvement oblique
dû à des causes fortuites et ceci de toute éternité.» Premièrement,
dans le passage cité, Cicéron ne fait pas de la répulsion la raison de
la direction oblique, mais au contraire bien plus la direction oblique
la raison de la répulsion. Deuxièmement il ne parle pas de causes

(5) BAYLE, *Dic. hist.* Voir «Epicure», [1720, p. 1085].
(6) Schaubach, «Sur les conceptions astronomiques d'Épicure», dans *Archiv. für
Philologie und Pädagogik* de SEEBODE, JAHN ET KLOTZ, vol. V, fasc. IV [1839], p. 549.
* chez Schaubach: (p. 549): impulsion (*ictu*).
** chez Schaubach: direction.

tung zum Grund des Abstoßens. Zweitens spricht er nicht von
zufälligen Ursachen, sondern tadelt vielmehr, daß gar keine Ursachen angegeben werden, wie es denn an und für sich widerspre-
chend wäre, zugleich das Abstoßen und nichtsdestoweniger
zufällige Ursachen als Grund der schrägen Richtung anzunehmen.
Höchstens könnte denn noch von zufälligen Ursachen des
Abstoßens, nicht aber der schrägen Richtung die Rede sein.

   Eine Sonderbarkeit in Ciceros und Bayles Reflexionen ist übrigens zu augenfällig, um sie nicht sogleich hervorzuheben. Sie
schieben nämlich dem Epikur Beweggründe unter, von denen der
eine den andern aufhebt. Einmal soll Epikur die Deklination der
Atome annehmen, um die Repulsion, das andere Mal, um die Freiheit zu erklären. Treffen sich aber die Atome nicht ohne Deklination: so ist die Deklination zur Begründung der Freiheit
überflüssig; denn das Gegenteil der Freiheit beginnt, wie wir aus
Lukrez[7] ersehen, erst mit dem deterministischen und gewaltsamen
Sich-Treffen der Atome. Treffen sich aber die Atome ohne Deklination, so ist sie zur Begründung der Repulsion überflüssig. Ich sage,
dieser Widerspruch entsteht, wenn die Gründe der Deklination des
Atoms von der geraden Linie so äußerlich und zusammenhangslos
aufgefaßt werden, wie es von Cicero und Bayle geschieht. Wir werden bei Lukrez, der überhaupt von allen Alten die epikureische
Physik allein begriffen hat, eine tiefere Darstellung finden.

   Wir wenden uns jetzt zur Betrachtung der Deklination selbst.

   Wie der Punkt in der Linie aufgehoben ist: so ist jeder fallende
Körper in der geraden Linie aufgehoben, die er beschreibt. Hier
kömmt es gar nicht auf seine spezifische Qualität an. Ein Apfel beschreibt beim Fall so gut eine senkrechte Linie als ein Stück Eisen.
Jeder Körper, sofern er in der Bewegung des Falls aufgefaßt wird,
ist also nichts als ein sich bewegender Punkt, und zwar ist er ein
unselbständiger Punkt, der in einem gewissen Dasein – der geraden Linie, die er beschreibt – seine Einzelheit aufgibt. Aristoteles
bemerkt daher mit Recht gegen die Pythagoreer:»ihr sagt, die Bewegung der Linie sei die Fläche, die des Punktes die Linie; also
werden auch die Bewegungen der Monaden Linien sein.«[8] Die

---

(7) LUCRET., *De re. nat.*, II, 251 sqq:
   «Enfin, si tout mouvement s'enchaîne toujours,
   si toujours d'un ancien un autre naît en ordre fixe
   [...] d'où, vient dis-je, cette volonté arrachée aux destins?»
   Trad. José Kany-Turpin, Flammarion, 1997
* aufheben dans le vocabulaire hégélien signifie: disparaître dialectiquement, être
dépassé dans la synthèse. (NdT).

fortuites, mais il reproche au contraire que nulles causes ne soient données, comme si dès lors il était contradictoire en soi et pour soi d'admettre à la fois la répulsion et, néanmoins, des causes fortuites comme raison de la direction oblique. Tout au plus pourrait-il s'agir des causes fortuites de la répulsion, mais non de celles de la direction oblique.

Du reste, une particularité dans les réflexions de Cicéron et Bayle est à ce point manifeste qu'on ne doive la relever immédiatement. Ils attribuent, en effet, à Épicure des motifs qui s'annulent l'un l'autre. À un moment, Épicure est censé avoir introduit la déclinaison des atomes pour expliquer la répulsion, à un autre, la liberté. D'une part, si les atomes ne se rencontrent pas sans déclinaison, la déclinaison est un fondement superflu à la liberté ; ainsi, le contraire de la liberté commence, comme nous le voyons chez Lucrèce[7], seulement avec la rencontre déterministe et forcée des atomes. D'autre part, si les atomes se rencontrent sans déclinaison, elle est un fondement superflu à la répulsion. Je prétends que cette contradiction ne se produit que si les raisons de la déclinaison des atomes de la ligne droite sont considérées de manière externe et incohérente, comme elles le sont chez Cicéron et Bayle, Nous trouverons chez Lucrèce, qui parmi les Anciens est, somme toute, le seul à avoir compris la physique épicurienne, une présentation plus profonde.

Examinons à présent la déclinaison elle-même.

Comme le point qui est absorbé dans la ligne*, tout corps qui tombe est absorbé dans la ligne droite qu'il décrit. Sa qualité spécifique n'a ici aucune importance. Une pomme décrit en tombant une ligne droite aussi bien qu'un morceau de fer. Tout corps, tant qu'on le considère dans le mouvement de chute, n'est rien d'autre qu'un point en mouvement, de surcroît un point sans autonomie qui, comme être-là déterminé –la ligne droite qu'il décrit–renonce à sa singularité. Aristote a raison de faire remarquer aux Pythagoriciens : «Vous dites que le mouvement de la ligne est la surface, celui du point la ligne ; dès lors les mouvements des monades seront aussi des lignes. »[8] La conséquence, aussi bien pour les monades que

(8) ARISTOT., *De l'âme*, I, 4 [409a, 1-5]. «Comment pouvons-nous comprendre une unité en mouvement? Du fait de quoi? De quelle façon puisqu'elle est sans parties ou indifférenciées? Si l'unité est à la fois motrice et mobile, elle doit présenter des différences. De plus, puisqu'ils disent qu'une droite qui se meut engendre une surface et un point qui se meut une droite, les mouvements des unités psychiques seront aussi des lignes, puisque le point [στιγμή] est une unité [μονάς] occupant une position. »

Konsequenz hiervon sowohl bei den Monaden als den Atomen wäre also, da sie in steter Bewegung sind[9], daß weder Monade noch Atom existieren, sondern vielmehr in der geraden Linie untergehen; denn die Solidität des Atoms ist noch gar nicht vorhanden, sofern es nur als in gerader Linie fallend aufgefaßt wird. Zunächst, wenn die Leere als räumliche Leere vorgestellt wird, ist das *Atom* die *unmittelbare Negation des abstrakten Raums*: also ein *räumlicher Punkt*. Die Solidität, die Intensivität, die sich gegen das Außereinander des Raums in sich behauptet, kann nur durch ein Prinzip hinzukommen, das den Raum seiner ganzen Sphäre nach negiert, wie es in der wirklichen Natur die Zeit ist. Außerdem, wollte man dies selbst nicht zugeben, ist das Atom, soweit seine Bewegung gerade Linie ist, rein durch den Raum bestimmt, ihm ein relatives Dasein vorgeschrieben und seine Existenz eine rein materielle. Aber wir haben gesehen, daß eine Moment im Begriff des Atoms ist reine Form, Negation aller Relativität, aller Beziehung auf ein anderes Dasein zu sein. Wir haben zugleich bemerkt, daß Epikur beide Momente, die sich zwar widersprechen, die aber im Begriff des Atoms liegen, sich verobjektiviert.

Wie kann Epikur nun die reine Formbestimmung des Atoms, den Begriff der reinen Einzelheit, der jedes durch anderes bestimmte Dasein negiert, verwirklichen?

Da er sich im Feld des unmittelbaren Seins bewegt, so sind alle Bestimmungen unmittelbare. Also werden die entgegengesetzten Bestimmungen als unmittelbare Wirklichkeiten sich entgegengesetzt.

Die *relative Existenz* aber, die dem Atom gegenübertritt, *das Dasein, das es zu negieren hat, ist die gerade Linie*. Die unmittelbare Negation dieser Bewegung ist eine andere Bewegung, also, selbst räumlich vorgestellt, Deklination von der geraden Linie.

Die Atome sind rein selbständige Körper oder vielmehr der Körper, in absoluter Selbständigkeit gedacht, wie die Himmelskörper. Sie bewegen sich daher auch wie diese, nicht in geraden, sondern in schrägen Linien. *Die Bewegung des Falls ist die Bewegung der Unselbständigkeit*.

---

(9) Diogène Laërce, X, 43. « Les atomes sont en mouvement continu perpétuel, et certains s'éloignent à une grande distance les uns des autres, tandis que d'autres gardent leur vibration sur place, lorsqu'ils se trouvent détournés dans un enchevêtrement, ou sont recouverts par des atomes enchevêtrés ».
Simplicius, loc. cit.., p. 424. « ... les successeurs d'Épicure ... [enseignaient] le mouvement perpétuel. »

pour les atomes, en serait que, en continuel mouvement,[9] plutôt qu'exister, monade aussi bien qu'atome, disparaissent dans la ligne droite ; ainsi la solidité de l'atome n'est nullement présente tant qu'il sera conçu uniquement comme tombant en ligne droite. Tout d'abord, si l'on représente le vide par un vide étendu, *l'atome* est alors *la négation immédiate de l'étendue abstraite*, c'est-à-dire un *point étendu*. La solidité, l'intensité, qui s'affirment en soi contre la désintégration de l'étendue, ne peuvent s'ajouter qu'en vertu d'un principe qui nie l'étendue dans la totalité de sa sphère, comme le temps l'est dans la nature réelle. En outre, ne voudrait-on pas accorder cela, serait-il prescrit à l'atome – tant que son mouvement est en ligne droite, purement déterminé par l'étendue – un être-là relatif, et à son existence un être-là purement matériel. Mais nous avons vu qu'un moment dans le concept d'atome est d'être pure forme, négation de toute relativité, de toute relation à un autre être-là. En même temps nous avons remarqué qu'Épicure, pour lui-même, objective les deux moments qui, bien qu'ils se contredisent, existent dans le concept d'atome.

Comment Épicure peut-il alors réaliser la détermination purement formelle de l'atome, le concept de pure singularité, qui nie tout être-là déterminé par un autre ?

Puisqu'il se déplace dans le domaine de l'être immédiat, toutes les déterminations sont immédiates. C'est pourquoi les déterminations opposées sont opposées en tant que réalités immédiates.

Mais *l'existence relative qui fait face à l'atome, l'être-là qu'il doit nier, est la ligne droite*. La négation immédiate de ce mouvement est un autre mouvement, donc, lui-même représenté spatialement, déclinaison de la ligne droite.

Les atomes sont des corps purement autonomes ou plutôt sont le corps conçu absolument autonome, comme les corps célestes. En conséquence de quoi, comme ceux-ci, ils se déplacent non pas en lignes droites, mais en lignes obliques. *Le mouvement de la chute est le mouvement de la non-autonomie.*

Wenn also Epikur in der Bewegung des Atoms nach gerader Linie die Materialität desselben darstellt, so hat er in der Deklination von der geraden Linie seine Formbestimmung realisiert; und diese entgegengesetzten Bestimmungen werden als unmittelbar entgegengesetzte Bewegungen vorgestellt.

Lukrez behauptet daher mit Recht, daß die Deklination die *fati foedera* durchbricht[10]; und, wie er dies sogleich auf das Bewußtsein anwendet[11], so kann vom Atom gesagt werden, die Deklination sei das Etwas in seiner Brust, was entgegenkämpfen und widerstehen kann.

Wenn Cicero aber dem Epikur vorwirft:

> »Er erreiche nicht einmal das, weswegen er dies erdichtet habe; denn deklinierten alle Atome: so würden sich nie welche verbinden, oder einige würden ausweichen, andere würden durch ihre Bewegung geradeaus getrieben werden. Man müßte vorher also gleichsam den Atomen bestimmte Posten zuweisen, welche geradeaus und welche schräg sich bewegen sollten«[12],

so hat dieser Einwurf darin seine Berechtigung, daß beide Momente, die im Begriff des Atoms liegen, als unmittelbar verschiedene Bewegungen vorgestellt werden, also auch verschiedenen Individuen zufallen müßten; – eine Inkonsequenz, die aber konsequent ist, denn des Atoms Sphäre ist die Unmittelbarkeit.

Epikur fühlt recht gut den Widerspruch, der darin liegt. Er sucht daher die Deklination soviel als möglich *unsinnlich* darzustellen. Sie ist

> Nec regione loci certa, nec tempore certo,[13]

sie geschieht im möglichst kleinsten Raum[14].

Ferner tadelt Cicero[15] und, nach Plutarch, mehrere Alten[16], daß die Deklination des Atoms ohne Ursache geschehe; und etwas Schmählicheres, sagt Cicero, kann einem Physiker nicht passie-

---

(10) Lucrèce, *De la nature des choses*, II, 251, 253-255. «... si, par leur déclinaison, les atomes ne prennent l'initiative d'un mouvement qui brise les lois du destin et empêche les causes de se succèder à l'infini ...»

(12) Cicéron, *De finibus*, I, VI [19-20]. «[...] sans que, cependant il obtienne le résultat en vue duquel il avait forgé cette fiction.[20] Si, en effet, tous les atomes dévient, il n'y aura jamais aucun assemblage. D'autre part, si certains dévient, tandis que d'autres tombent en ligne droite du fait de leur masse, d'abord ce sera attribuer aux atomes des sortes de province, les uns obtenant la chute verticale, les autres la chute oblique ». Trad. in La Pléiade, p. 792.

(13) « En un temps, en un lieu que rien ne détermine », (Lucrèce, *De la nature des choses*, II, 294), trad. J Kany-Turpin.

(14) Cicéron, *De Fato*, X [22]. «... lorsque l'atome décline de la distance la plus petite (ἐλάχιστον , selon son expression).../...». Trad A. Yon, Belles Lettres, p. 12

* in der Abschrift: Ursach.

Ainsi lorsqu'Épicure représente la matérialité elle-même par le mouvement de l'atome en ligne droite, il a réalisé sa détermination formelle dans la déclinaison depuis la ligne droite ; et ces déterminations opposées sont représentées comme des mouvements directement opposés.

Lucrèce affirme donc à bon droit que la déclinaison rompt les *fati foedera*[10] ; et, comme il l'applique immédiatement à la conscience[11], on peut dire que la déclinaison de l'atome est ce quelque chose en son sein qui peut combattre et résister.

Mais, lorsque Cicéron reproche à Épicure qu'il :

> « n'atteint même pas l'objectif en vue duquel il a inventé cela – car, si tous les atomes déclinaient, aucuns ne pourraient jamais se lier, ou certains dévieraient, d'autres seraient entraînés tout droit dans leur mouvement. Ainsi il serait nécessaire, de fixer pour ainsi dire, des attributions bien déterminées aux atomes : à ceux qui devraient se mouvoir tout droit, et à ceux qui le devraient obliquement »[12],

cette objection se justifie du fait que les deux moments inclus dans le concept d'atome sont représentés comme moments radicalement différents, et devraient de ce fait être affectés à des individus différents – une inconséquence, qui est pourtant conséquente, puisque la sphère de l'atome est l'immédiateté.

Épicure identifie clairement la contradiction qui se trouve là. Il cherche donc à représenter la déclinaison de façon aussi *imperceptible* que possible ; elle a lieu

> nec regione loci certa nec tempore certo,[13]

et se produit dans l'espace le plus réduit possible[14].

De plus Cicéron[15], et, selon Plutarque, plusieurs Anciens[16], refusent que la déclinaison de l'atome se produise sans cause ; et rien de plus honteux, déclare Cicéron, ne peut arriver à un physicien.[17]

---

(11) *Ibid.*, II, 279-280. « ... quelque chose en notre poitrine a le pouvoir de combattre et de résister. »

(15) *Ibid.* « .../...et cette déclinaison est sans cause, il lui faut bien, sinon expressément, du moins en fait, en convenir. ». P. 22

(16) Plutarque, *Sur la Création de l'âme*, VI (VI, p. 8, l'édition stéréotypée). « Car ils ne sont pas d'accord avec Épicure que l'atome dévie en quoi que ce soit, car celui-ci introduit un mouvement sans cause émanant du non-être. »

(17) Cicéron, *De finibus*, I, VI [19]. « En effet, la déviationest une hypothèse arbitraire (il soutient qu'elle se produit sans cause, or il ny a rien de plus honteux pour un physicien que d'affirmer qu'un fait se produit sans cause) [...] ». *Ibid.*, p. 792.

* dans la copie : Ursach.

ren.[17] Allein erstens würde eine physische Ursache, wie sie Cicero
will, die Deklination des Atoms in die Reihe des Determinismus
zurückwerfen, aus dem sie gerade erheben soll. *Dann aber ist das
Atom noch gar nicht vollendet, ehe es in der Bestimmung der Deklination gesetzt ist.* Nach der Ursache* dieser Bestimmung fragen
heißt also, nach der Ursache fragen, die das Atom zum Prinzip
macht, – eine Frage, die offenbar für den sinnlos ist, dem das Atom
Ursache von allem, also selbst ohne Ursache ist.

Wenn endlich Bayle[18], auf die Auctorität des Augustinus[19]
gestützt, nach dem Demokrit den Atomen ein spirituelles Prinzip
zugeschrieben hat – eine Auctorität, die übrigens bei dem Gegensatz zu Aristoteles und den andern Alten gänzlich unbedeutend
ist –, dem Epikur vorwirft, statt dieses spirituellen Prinzips die Deklination ersonnen zu haben: so wäre im Gegenteil mit der Seele des
Atoms bloß ein Wort gewonnen, während in der Deklination die
wirkliche Seele des Atoms, der Begriff der abstrakten Einzelheit,
dargestellt ist.

Ehe wir die Konsequenz der Deklination des Atoms von der geraden Linie betrachten ist noch ein höchst wichtiges, bis jetzt gänzlich übersehenes Moment hervorzuheben.

*Die Deklination des Atoms von der geraden Linie ist nämlich
keine besondere, zufällig in der epikureischen Physik vor-
kommende Bestimmung. Das Gesetz, das sie ausdrückt, geht
vielmehr durch die ganze epikureische Philosophie hindurch, so
allerdings, wie sich von selbst versteht, daß die Bestimmtheit seiner Erscheinung von der Sphäre abhängig ist, in der es angewandt
wird.*

Die abstrakte Einzelheit kann nämlich ihren Begriff, ihre Formbestimmung, das reine Fürsichsein, die Unabhängigkeit von dem
unmittelbaren Dasein, das Aufgehobensein aller Relativität, nur so
betätigen, daß *sie von dem Dasein, das ihr gegenübertritt, abstrahiert*; denn, um es wahrhaft zu überwinden, müßte sie es idealisie-
ren, was nur die Allgemeinheit vermag.

Wie also das Atom von seiner relativen Existenz, der geraden Linie, sich befreit. Indem es von ihr abstrahiert, von ihr ausbeugt: so
beugt die ganze epikureische Philosophie überall da dem beschrän-
kenden Dasein aus, wo der Begriff der abstrakten Einzelheit, die
Selbständigkeit und Negation aller Beziehung auf anderes, in seiner
Existenz dargestellt werden soll.

(18) Bayle, *loc. cit.*

Mais, d'abord, une cause physique comme l'exige Cicéron, renver-rait la déclinaison de l'atome dans la chaîne du déterminisme, qu'elle doit précisément dominer. *De surcroît, l'atome n'est d'au-cune façon achevé avant d'être posé dans la détermination de la déclinaison.* Requérir la cause* de cette détermination revient donc à requérir la cause qui fait de l'atome un principe – manifestement une requête dénuée de sens pour quiconque considère l'atome comme la cause de toute chose, et comme étant lui-même sans cause.

Finalement, Bayle[18], – s'appuyant sur l'autorité de saint Au-gustin[19], selon qui Démocrite a attribué aux atomes un principe spirituel – une autorité qui, au demeurant, à cause de son opposi-tion à Aristote et aux autres Anciens est totalement insignifiante – Bayle reproche à Épicure d'avoir inventé la déclinaison à la place de ce principe spirituel. Tout au plus, au contraire, avec l'âme de l'atome aurait-on gagné un mot, alors que dans la déclinaison est représentée l'âme véritable de l'atome, le concept de singularité abstraite.

Avant d'examiner les conséquences de la déclinaison de l'atome par rapport à la ligne droite, il nous faut mettre en lumière un moment très important, qui jusqu'à maintenant a été entièrement ignoré.

La déclinaison de l'atome de la ligne droite n'est pas, à propre-ment parler, une détermination particulière qui apparaît fortuite-ment dans la physique d'Épicure. Au contraire, la loi qu'elle exprime traverse toute la philosophie épicurienne, même s'il va de soi que la détermination de sa manifestation dépend de la sphère où elle est appliquée.

En effet, la singularité abstraite ne peut rendre son concept ef-fectif, sa détermination formelle, le pur être-pour-soi, l'indépen-dance par rapport à l'être-là immédiat, le dépassement de toute relativité, seulement *si elle s'abstrait de l'être-là qui s'oppose à elle* ; car pour vraiment le dépasser, elle devrait l'idéaliser, ce dont seule l'universalité est capable.

Ainsi, de même que l'atome se libère de son existence relative, la ligne droite, en s'abstrayant d'elle, en s'écartant d'elle, de même toute la philosophie épicurienne s'écarte de l'être-là restrictif par-tout où le concept de singularité abstraite, l'autonomie et la néga-tion de toute relation à autre chose, doit être représenté dans son existence.

(19) Saint Augustin, *Correspondance*, 56.

So ist der Zweck des Tuns das Abstrahieren, das Ausbeugen vor dem Schmerz und der Verwirrung, die Ataraxie[20]. So ist das Gute die Flucht vor dem Schlechten[21], so ist die Lust das Ausbeugen vor der Pein[22]. Endlich, wo die abstrakte Einzelheit in ihrer höchsten Freiheit und Selbständigkeit, in ihrer Totalität erscheint, da ist konsequenterweise das Dasein, dem ausgebeugt wird, *alles Dasein*; und *daher beugen die Götter der Welt* aus und bekümmern sich nicht um dieselbe und wohnen außerhalb derselben[23].

Man hat gespottet über diese Götter des Epikur, die, Menschen ähnlich, in den Intermundien der wirklichen Welt wohnen, keinen Körper, sondern einen Quasikörper, kein Blut, sondern Quasiblut[24] haben und, in seliger Ruhe verharrend, kein Flehen erhören, unbekümmert um uns und die Welt, wegen ihrer Schönheit, ihrer Majestät und ihrer vorzüglichem Natur, keines Gewinnes wegen, verehrt werden.

Und doch sind diese Götter nicht Fiktion des Epikur. Sie haben existiert. *Es sind die plastischen Götter der griechischen Kunst. Cicero*, der *Römer*, persifliert sie mit Recht[25]; aber *Plutarch*, der *Grieche*, hat alle griechische Anschauung vergessen, wenn er meint, Furcht und Aberglaube hebe diese Lehre von den Göttern auf, Freude und Gunst der Götter gebe sie nicht, sondern sie leihe uns zu ihnen das Verhältnis, das wir zu den hyrkanischen Fischen haben, von denen wir weder Schaden noch Nutzen erwarten.[26] Die theoretische Ruhe ist ein Hauptmoment des griechischen Göttercharakters, wie auch Aristoteles sagt:»Was das Beste ist, bedarf keiner Handlung, denn es selbst ist der Zweck.«[27]

Wir betrachten jetzt die *Konsequenz*, die aus der Deklination des

---

(20) Diogène Laërce, X, 128. «C'est en effet en vue de cela que nous faisons tout, afin de ne pas souffrir et de ne pas éprouver de craintes.»

(21) Plutarque, *Si l'on se conforme à Épicure, il n'est même pas possible de vivre plaisamment*, 1091A. «Ce qui en effet provoque une jubilation indépassable, c'est la comparaison avec le grand mal auquel on vient d'échapper.» Trad. in *Les Épicuriens*, La Pléaide, 2010, p. 902.

(22) Clément d'Alexandrie, *Mélanges*, II, p. 415 [21] «… Épicure dit aussi que la suppression de la douleur est le plaisir…»

(23) Sénèque, *Des bienfaits*, IV [4, 4]. «Dieu n'accorde pas de bienfaits; mais, calme et indifférent à notre sort, étranger à la marche du monde, il s'occupe d'autre chose, ou, ce qui semble à Épicure le comble de la félicité, il demeure dans une inaction complète, et les hommages des hommes ne le touchent pas plus que leurs outrages.»

(24) Cicéron, *De la nature des dieux*, I, XXIV [68]. «… C'est ainsi que tu disais que, s'agissant d'un dieu, il n'y a pas un corps mais une sorte de corps, ni de sang mais une sorte de sang.»

(25) *Ibid*. XL [112, 115-116]. «Quelle nourriture, quelles boissons, ou encore quelles harmonies sonores, quels arrangements de fleurs, quelles caresses ou quels par-

S'abstraire et s'écarter de la douleur et du trouble, tel est le but de l'action : l'ataraxie[20]. Ainsi le bien est fuite devant le mal[21], le plaisir écartement de la douleur[22]. Finalement, là où la singularité abstraite se manifeste dans sa liberté et autonomie les plus hautes, dans sa totalité, là l'être-là, duquel on s'écarte, est par voie de conséquence *tout être-là* ; et c'est pourquoi, *les dieux s'écartent du monde*, ne se préoccupent pas de lui et habitent en dehors de lui[23].

On a souvent raillé ces dieux d'Épicure, qui, semblables aux hommes, habitent dans les intermondes du monde réel, n'ont pas de corps, mais un quasi-corps, pas de sang, mais un quasi-sang,[24] et, persévérant dans la béatitude, n'exaucent aucune supplication, ne sont concernés ni par nous ni par le monde, sont honorés pour leur beauté, leur majesté et leur nature excellente, et non par inté-rêt.

Et pourtant ces dieux ne sont pas une fiction d'Épicure. Ils ont existé. *Ils sont les dieux sculpturaux de l'art grec. Cicéron*, le *Romain*, peut à bon droit se moquer carrément d'eux[25], mais *Plutarque*, le *Grec*, a oublié toute la perspective grecque quand il pense que, cette conception des dieux écarterait-elle la crainte et la superstition, elle ne procurerait ni joie ni faveur des dieux, mais plutôt nous placerait vis-à-vis d'eux dans la relation que nous avons avec les poissons d'Hyrcanie, dont nous n'attendons ni préjudices, ni bienfaits.[26] Le calme théorétique est un des moments principaux du caractère des dieux grecs. Comme le dit Aristote : « Le bien su-prême n'a besoin d'aucun acte, car il est lui-même la fin. »[27]

Considérons   désormais   *la   conséquence*   qui   découle

fums, procureras-tu aux dieux pour les inonder de plaisirs ? [...] Pourquoi dire en effet que les hommes doivent honorer les dieux d'un culte quand de leur côté les dieux n'honorent pas les hommes de leurs ferveurs et qu'ils se soucient de rien et ne font rien du tout. " Mais l'excellence, l'éminence de leur nature doit en elle-même et par elle-même engager le sage à l'honorer d'un culte. " Mais peut-il y avoir quelque chose d'excellent dans un être qui, se complaisant dans son propre plaisir, ne fera jamais rien, ne fait rien, n'a jamais rien fait ? »
(26) Plutarque, *Vivre plaisemment*, [1100ᴇ-1101ᴀ]. « À propos du plaisir, on a dit en gros comment leur argumentation fait disparaître [...] une certaine peur avec la superstition, sans toutefois accorder que les dieux soient une source de gaieté et de joie. Or, leur refus que les dieux puissent nous troubler ou nous réjouir nous met par rapport à ces derniers dans la situation où nous sommes à l'égard des Hyr-caniens ou des Poissons, dont nous n'attendons rien, ni bienfait ni disgrâce. » *Ibid.*, p. 920.
(27) Aristote, *Traité du ciel*, II, 12 [292ʙ 4-6]. « Mais pour celui qui possède la perfec-tion, il n'est besoin d'aucun activité, car il est lui-même sa propre fin... » Trad. P. Pel-legrin, Éd. Flammarion 2004.

Atoms unmittelbar hervorgeht. Es ist in ihr ausgedrückt, daß das
Atom alle Bewegung und Beziehung negiert, worin es als ein besonderes Dasein von einem andern bestimmt wird. Es ist dies so
dargestellt, daß das Atom abstrahiert von dem Dasein, das ihm gegenübertritt, und sich demselben entzieht. Was aber hierin enthal-
ten ist, *seine Negation aller Beziehung auf anderes*, muß
verwirklicht, positiv gesetzt werden. Dies kann nur geschehen, indem *das Dasein, auf das es sich bezieht, kein anderes als es selbst*
ist, also ebenfalls *ein Atom* und, da es selbst unmittelbar bestimmt
ist, *viele Atome. So ist die Repulsion der vielen Atome die notwen-
dige Verwirklichung der lex atomi, wie Lukrez* die Deklination
nennt. Weil hier aber jede Bestimmung als ein besonderes Dasein
gesetzt wird: so kömmt die Repulsion als dritte Bewegung zu den
frühern hinzu. Mit Recht sagt Lukrez, wenn die Atome nicht zu dek-
linieren pflegten, wäre weder Gegenschlag noch Treffen derselben
entstanden und niemals die Welt erschaffen worden.[28] Denn die
Atome sind *sich selbst ihr einziges Objekt, können sich nur auf sich
beziehen*, also, räumlich ausgedrückt, sich *treffen*, indem jede relative Existenz derselben, in der sie auf anderes sich bezögen, negiert
ist; und diese relative Existenz ist, wie wir gesehen haben, ihre urs-
prüngliche Bewegung, die des Falls in gerader Linie. Also treffen sie
sich erst durch Deklination von derselben. Um die bloß materielle
Zersplitterung ist es nicht zu tun.[29]

Und in Wahrheit: die unmittelbar seiende Einzelheit ist erst ih-
rem Begriff nach verwirklicht, insofern sie sich auf ein anderes bezieht, das sie selbst ist, wenn auch das andere in der Form
unmittelbarer Existenz gegenübertritt. So hört der Mensch erst auf,
Naturprodukt zu sein, wenn das andere, auf das er sich bezieht,
keine verschiedene Existenz, sondern selbst ein einzeler Mensch
ist, ob auch noch nicht der Geist. Daß der Mensch als Mensch sich
aber sein einziges wirkliches Objekt werde, dazu muß er sein relatives Dasein, die Macht der Begierde und der bloßen Natur, in sich

(28) Luc., DRN, II, 221-224 :
    Sans cette déclinaison, tous, comme gouttes de pluie,
    tomberaient de haut en bas dans le vide infini.
    Entre eux nulle rencontre, nul choc possible.
    La nature n'aurait donc jamais rien créé.

immédiatement de la déclinaison de l'atome. Elle exprime que l'atome nie tout mouvement et relation par lesquels il serait déterminé en tant qu'être-là par un autre. L'argument est celui-ci : l'atome s'abstrait de l'être-là qui l'affronte, et s'en détache. Mais ce qui est contenu ici, *à savoir la négation de toute relation avec autre chose, doit être concrétisé, établi de façon positive.* Cela ne peut se faire que si *l'être-là auquel il se rattache n'est rien d'autre que lui-même*, donc également un atome et, comme lui-même immédiatement déterminé, de nombreux atomes. Ainsi, la répulsion des atomes nombreux est *la nécessaire réalisation* de la *lex atomi*, la loi de l'atome, comme Lucrèce appelle la déclinaison. Mais puisque ici chaque détermination est établie comme être-là particulier, la répulsion est ajoutée comme troisième mouvement aux précédents. Lucrèce a donc raison quand il dit que, si les atomes n'avaient pas coutume de décliner, ni choc en retour, ni rencontre ne se produiraient, et le monde n'aurait jamais été créé.[28] *Car comme les atomes sont à eux-mêmes leur unique objet, ils ne peuvent se rapporter qu'à eux-mêmes, dit en termes d'espace*, ils ne peuvent se *rencontrer* que si toute existence relative, par laquelle ils seraient référés à autre chose, est niée. Et cette existence relative est, comme nous l'avons vu, leur mouvement originel, celui de la chute en ligne droite. Ainsi ne se rencontrent-ils plus qu'en déclinant de celle-ci. Ce qui n'a rien à voir avec le fractionnement purement matériel.[29]

Et en vérité : la singularité qui est immédiate n'est réalisée selon son concept que pour autant qu'elle est rapportée à quelque chose d'autre que ce qu'elle est elle-même – alors même que l'autre chose s'opposerait sous la forme d'une existence immédiate. Ainsi l'homme cesse d'être produit de la nature uniquement lorsque l'autre auquel il se réfère n'est pas une existence différente, mais est lui-même un homme singulier, bien que ce ne soit pas encore l'esprit. Mais pour que l'homme en tant qu'homme devienne pour soi son unique objet réel, il doit avoir rompu en lui avec son être-là relatif, puissance du désir et de la pure nature. La *répulsion est la*

(29) Luc., DRN, II, 284-292 :
> Il faut donc reconnaître que les atomes aussi,
> outre les chocs et le poids, possèdent en eux-mêmes,
> une cause motrice d'où nous vient ce pouvoir
> puisque rien, nous le voyons, de rien ne procède.
> [...]   mais si l'esprit n'est pas
> régi en tous ses actes par la nécessité interne,
> s'il n'est pas, tel un vaincu, réduit à la passivité,
> c'est l'effet de la légère déviation des atomes.

gebrochen haben. *Die Repulsion ist die erste Form des Selbstbe-wußtseins*; sie entspricht daher dem Selbstbewußtsein, das sich als Unmittelbar-Seiendes, Abstrakt-Einzeles erfaßt.

In der Repulsion ist also der Begriff des Atoms verwirklicht, wonach es die abstrakte Form, aber nicht minder das Gegenteil, wonach es abstrakte Materie ist; denn das, auf das es sich bezieht, sind zwar Atome, aber andere Atome. *Verhalte ich mich aber zu mir selbst als zu einem Unmittelbar-Anderen, so ist mein Verhalten ein materielles*. Es ist die höchste Äußerlichkeit, die gedacht werden kann. In der Repulsion der Atome ist also die Materialität derselben, die im Fall nach gerader Linie, und die Formbestimmung derselben, die in der Deklination poniert war, synthetisch vereinigt.

Demokrit im Gegensatz zu Epikur macht zu einer gewaltsamen Bewegung, zu einer Tat der blinden Notwendigkeit, was jenem Verwirklichung des Begriffs des Atoms ist. Schon oben haben wir gehört, als Substanz der Notwendigkeit gebe er den Wirbel (*dinê*) an, der aus dem Repellieren und Aneinanderstoßen der Atome entsteht. Er faßt also in der Repulsion nur die materielle Seite, die Zersplitterung, die Veränderung, nicht die ideelle, wonach darin alle Beziehung auf anderes negiert und die Bewegung als Selbstbestimmung gesetzt ist. Dies sieht man klar daraus, daß er sich ganz sinnlich einen und denselben Körper durch den leeren Raum in viele geteilt denkt wie Gold, das in Stücke gebrochen ist.[30] Er faßt also kaum das Eins als den Begriff des Atoms.

Mit Recht polemisiert *Aristoteles* gegen ihn: »Deswegen wäre dem Leukipp und dem Demokrit, die behaupten immer bewegten sich die ersten Körper im Leeren und im Unendlichen, zu sagen, welcher Art die Bewegung sei, und welche die ihrer Natur adäquate Bewegung. Denn wenn jedes der Elemente von dem andern durch Gewalt bewegt wird: so ist es doch notwendig, daß jedes auch eine natürliche Bewegung habe, außer welcher die gewaltsame ist; und diese erste Bewegung muß nicht gewaltsam, sondern natürlich sein. Sonst findet der Progreß ins Unendliche statt.«[31]

---

(31) *Ibid.*, III, 2 [300B, 9-17]. «Voilà aussi pourquoi, quand Leucippe et Démocrite disent que les corps premiers sont toujours en mouvement dans le vide et l'infini, il faut leur demander quel est ce mouvement, et quel est le mouvement naturel de ces corps. En effet, si un élément est mû par contrainte par un autre, mais que nécessairement il y a aussi pour chacun un certain mouvement naturel, à côté du mouvement contraint, il faut aussi que le premier mouvement qui se fait se fasse non pas par contrainte, mais par nature. En effet, on ira à l'infini, s'il n'existe pas quelque chose qui soit premier moteur par nature et si l'on a toujours quelque chose qui est mû antérieurement d'un mouvement contraint.»

première forme de la conscience de soi ; elle est conforme de ce fait
à cette conscience de soi qui s'éprouve elle-même comme étant-im-
médiat, comme singularité-abstraite.

Dans la répulsion est ainsi réalisé le concept de l'atome, selon
lequel il est forme abstraite, tout aussi bien le contraire, selon
lequel il est matière abstraite ; car ce à quoi il se rapporte se com-
pose vraiment d'atomes, mais d'atomes différents. *Or, quand je me
comporte envers moi-même comme envers un immédiatement-
autre, alors mon comportement est matériel.* C'est le degré le plus
élevé d'extériorité qui puisse être conçu. Dans la répulsion des
atomes, ainsi, leur matérialité, qui a été posée dans la chute en ligne
droite, et leur détermination formelle, qui a été posée dans la déclinaison, sont unies synthétiquement.

Démocrite, contrairement à Épicure, transforme en un mouvement forcé, en un acte, la nécessité aveugle, qui pour ce dernier est
réalisation du concept de l'atome. Nous avons déjà vu ci-dessus
qu'il donnait comme substance de la nécessité, le tourbillon (*dinê*),
résultant de la répulsion et du choc mutuel des atomes. Il ne
conçoit donc dans la répulsion que le côté matériel, le
fractionnement, l'altération, non le côté idéel, selon lequel toute
relation à quelque chose d'autre est niée et le mouvement est établi
comme autodétermination. On le voit clairement dans le fait qu'il
pense tout à fait concrètement un seul et même corps divisé en
multiples corps par l'espace vide, comme l'or est rompu en morceaux.[30] Ainsi il ne conçoit guère l'Un comme concept de l'atome.

Aristote polémique à bon droit contre lui : « C'est pourquoi
Leucippe et Démocrite, qui prétendent que les corps primordiaux
se déplacent en permanence dans le vide et l'infini, auraient dû
nous dire de quelle sorte de mouvement il s'agit et ce qu'est pour
eux le mouvement naturel. Car si chacun des éléments est mû par
la force d'un autre, alors il est nécessaire que chacun possède aussi
un mouvement naturel, extérieur à celui qui est forcé ; et ce mouvement premier ne doit pas être forcé mais naturel. Sans quoi il se
produit une progression à l'infini. »[31]

---

(30) Aristote, *Traité du ciel*, I, 7 [276ᴀ]. « Si le Tout n'est pas continu, mais, comme
Démocrite et Leucippe le prétendent, fait de parties séparées par le vide,
nécessairement, il y aura un seul mouvement pour elles toutes. [...] mais leur
nature est unique, comme si chacune était une pièce d'or séparée. »

Die epikureische Deklination des Atoms hat also die ganze innere Konstruktion des Reichs der Atome verändert, indem durch sie die Bestimmung der Form geltend gemacht und der Widerspruch, der im Begriff des Atoms liegt, verwirklicht ist. Epikur hat daher zuerst, wenn auch in sinnlicher Gestalt, das Wesen der Repulsion erfaßt, während Demokrit nur ihre materielle Existenz gekannt hat.

Wir finden daher auch* konkretere Formen der Repulsion von Epikur angewandt; im Politischen ist es der *Vertrag*[32], im Sozialen die *Freundschaft*, die als das Höchste gepriesen wird.**

---

* nach »auch« von Marx gestrichen: die höhern.
** dieser Absatz in der Abschrift von Marx hinzugefügt.

La déclinaison épicurienne de l'atome a ainsi changé toute la structure interne du monde des atomes, en ayant validé la détermination de la forme et en ayant réalisé la contradiction, qui se trouve dans le concept d'atome. Épicure fut donc le premier à saisir l'essence de la répulsion, même si ce fut dans une forme sensible, tandis que Démocrite n'a connu que son existence matérielle.

C'est pourquoi nous trouverons aussi* chez Épicure l'emploi de formes plus concrètes de la répulsion ; dans le domaine politique, il s'agit du *contrat*[(32)]; dans le domaine social il s'agit de l'*amitié*, qu'il prisera au plus haut point**.

---

(32) Diogène Laërce, X, 150, *Maximes capitales* 32 et 33. «Pour tous les vivants qui n'ont pas pu établir de contrats visant à empêcher qu'ils se fassent mutuellement du tort et qu'ils en subissent, il n'y avait rien de juste ou d'un juste. Il en va de même aussi pour tous les peuples qui n'ont pas pu ou n'ont pas voulu établir les contrats visant à empêcher de faire du tort et d'en subir».

«La justice n'était pas quelque chose en soi, mais, quand les hommes s'assemblaient les uns avec les autres – peu importe qu'elle était à chaque fois la dimension des lieux –, une forme de contrat visant empêcher de faire du tort ou d'en subir.»

* Après «auch» : die höhern, a été biffé par Marx.
** Ce paragraphe a été ajouté par Marx à la copie.

TRANSCRIPTION D'UNE INTERVENTION
DE LOUIS ALTHUSSER
DIFFUSÉE SUR LA RTF LE 16 FÉVRIER 1963
LORS D'UNE ÉMISSION CONSACRÉE
À LA PHILOSOPHIE DE KARL MARX

MARX ET LA SCIENCE :
LA COUPURE MARXISTE

Première partie de l'interview

Sartre a écrit un jour que le marxisme était la philosophie indé-passable de notre temps, que toute la pensée contemporaine était dominée, qu'elle le veuille ou qu'elle ne le veuille pas, par la problématique philosophique de Marx. Je crois qu'il a bien posé le problème, mais je ne sais pas s'il l'a posé dans des termes qu'un marxiste pourrait assumer, pourrait accepter. Quoi qu'il en soit, cette phrase de Sartre met en évidence le fait que pour les contemporains, Marx philosophe est vivant comme philosophe.

La première question que nous devons nous poser est la question suivante : en quoi Marx est-il considéré par nos contemporains comme philosophe ? Si nous essayons de remonter jusque dans les régions, dans les réduits, où l'on essaye de définir ce que peut être la philosophie de Marx pour les contemporains, je dirais que Marx est considéré par nos contemporains comme philosophe pour trois raisons. Nous nous trouvons devant trois interprétations de la pensée de Marx comme philosophie.

La première interprétation est ce que j'appellerais une interprétation philosophique de type humaniste, éthique, plus ou moins moral, plus ou moins religieux, etc. Dans cette interprétation Marx est considéré comme un philosophe comme les autres, animé par un profond sens de la liberté, des valeurs humaines, un profond sens de la réalité de l'homme, et qui a protesté de toutes ses forces, dans des textes philosophiques, et aussi dans des textes techniques, économiques, contre ce qu'on peut appeler l'aliénation de l'homme dans la civilisation moderne. Ce Marx-là est déclaré philosophe par toute une série d'interprètes, aussi bien certains sociaux-démocrates, certains catholiques, certains libéraux, qui reconnaissent Marx comme philosophe, parce qu'ils reconnaissent en lui un philosophe humaniste.

Mais ils ne sont pas les seuls à dire Marx philosophe. On peut considérer qu'il existe une autre forme d'interprétation selon laquelle on reconnaîtrait à Marx une vertu philosophique, une pensée philosophique, pour d'autres raisons. On peut considérer, par exemple, que Marx a fait la philosophie de l'ère industrielle moderne, non pas dans la mesure où il a dénoncé l'aliénation de l'homme, le salariat, le travail forcé, le travail parcellaire, l'exploitation de l'homme par l'homme, etc., mais dans la mesure où il aurait saisi en quelque sorte ce qui constitue l'essence de notre temps, c'est-à-dire l'essence d'une civilisation technique ou technicienne. Il existe toute une série d'interprétations qui mettent en évidence ce que l'on pourrait appeler chez Marx une philosophie de la technique, comme constituant l'essence de la période moderne que nous vivons. Il existe aussi des interprétations de la pensée de Marx qui rapportent Marx au moment même dans lequel il vivait. Entre ces deux interprétations, il y a une espèce de parenté profonde. Marx serait au fond quelqu'un qui a exprimé à sa manière, philosophiquement, et dans ses travaux économiques, la vérité d'un temps, celui de la plus grande expansion industrielle du 19e siècle. Dans cette mesure, ce serait un philosophe qui nous intéresse toujours, mais qui serait relativement dépassé par notre temps, dans la mesure où peut-être la vérité de notre temps n'est plus celle du 19e siècle. Le marxisme serait une philosophie, une *Weltanschauung*, une conception du monde, correspondant à un moment de l'histoire. Ce serait la deuxième interprétation possible de la philosophie de Marx.

J'en vois encore une troisième, qui est celle que Sartre a donnée, qui représente alors un effort philosophique plus profond, mais aussi dans un sens très traditionnel. Vous savez quel est le sens de la tentative de Sartre : Sartre a tenté de montrer que Marx avait à bon droit proposé une méthode d'explication de l'histoire, qui la rendait intelligible. Mais Sartre a dit également que Marx n'avait pas justifié sa propre méthode, c'est-à-dire que Marx n'avait pas fondé l'intelligibilité de l'histoire, c'est-à-dire que Marx n'avait pas fondé ce qui lui permettait de parler de l'histoire comme d'un objet pouvant être intelligible, pouvant être connu. Pourtant Sartre pense que Marx a donné dans ses écrits philosophiques tout ce qu'il fallait pour fonder sa propre tentative scientifique, en particulier dans le concept de praxis. Ce que Sartre tente alors de nos jours, c'est de donner à la philosophie marxiste, à la pensée marxiste, aux analyses marxistes, leur titre de validité. Ce qui est ou-

vert, c'est un autre domaine de réflexion, c'est le domaine de réflexion sur la possibilité même de parler de l'intelligibilité de
l'histoire.

Il est frappant, quand on lit Marx de près, que Marx se trouvait
lui-même en face de problèmes ou d'interprétations qui sont tout à
fait semblables à ceux que nous rencontrons de notre temps. Évidemment, il faut tenir compte d'un certain nombre de différences,
mais finalement Marx n'a pu devenir lui-même qu'à la condition de
se libérer précisément, et toute son œuvre en est le témoignage, de
la tentation philosophique au sens de philosophique humaniste,
c'est-à-dire de la tentation d'une philosophie qui développerait les
valeurs humaines fondamentales, la liberté, l'égalité, les valeurs po-
sitives de l'homme, et qui appliquerait ces valeurs comme une
norme critique à la réalité empirique de l'histoire. C'est en dépas-
sant ce point de vue, en le critiquant que Marx est devenu lui-même
Marx. Je dirais aussi que c'est en critiquant la philosophie comme
Weltanschauung, comme conception du monde, comme exprimant
un moment de l'histoire, c'est-à-dire en critiquant la philosophie
comme idéologie historique, que Marx est devenu lui-même.

Et je dirais aussi, plus fondamentalement peut-être, et je pense
ici à Sartre, que c'est en critiquant la prétention philosophique
comme la prétention d'une réflexion qui veut fonder le sens origi-
naire de la vérité, qui veut en quelque sorte saisir la vérité à sa naissance, saisir le moment où la vérité apparaît au monde,
véritablement la vérité à l'état naissant, c'est en critiquant cette prétention que Marx est devenu Marx. C'est-à-dire qu'il s'est libéré
justement de tout ce qu'il considérait comme de la philosophie.

Autrement dit, nous n'avons pas simplement affaire chez Marx à
une critique de l'essence de l'homme comme abstraite, ou bien de
la liberté comme abstraite, nous avons affaire à une critique, chez
Marx, de l'essence de l'homme, ou de la liberté comme des idéologies, c'est-à-dire comme des idéaux que les hommes peuvent se
proposer dans leur conscience, mais qui ne correspondent pas à la
réalité effective. Une réalité correspond certes à l'idéal que les
hommes ont dans la conscience, mais cette réalité n'a pas pour
contenu la réalité que les hommes ont dans leur conscience. C'est
là que nous atteignons pour la première fois ce que peut être le
principe d'une critique matérialiste chez Marx. C'est-à-dire refuser
le primat de la conscience sur la réalité et soumettre le contenu
d'une conscience, qu'il s'agisse d'un idéal historique, qu'il s'agisse

de l'essence de l'homme, qu'il s'agisse de l'humanisme, à la réalité, à la réalité qui doit en être la norme.

Cette réalité n'est pas forcément le concret de cet abstrait, c'est une réalité différente de cet abstrait. C'est pourquoi l'abstrait est une idéologie : l'idéologie n'est pas simplement l'abstrait d'un concret, c'est une déformation du concret, c'est une déformation de la réalité. La démarche fondamentale de Marx, la démarche matérialiste, c'est de soumettre ce contenu de l'idéologie, ce contenu de la conscience à la réalité.

Marx a eu très nettement conscience qu'il instaurait, qu'il fondait, une nouvelle discipline scientifique. Dans la préface du *Capital*, il parle de Galilée. Il ne s'agit pas de faire un parallèle exact entre la fondation de la physique et la formation d'une science de l'histoire, mais ce qui est certain, c'est que dans l'esprit de Marx, et aussi dans ce que j'appellerais sa pratique théorique, dans sa réfutation de tout ce qui est étranger à ce projet, Marx fonde un nouveau mode de réflexion à propos de thèmes, à propos d'objets, qui jusque-là étaient la propriété de ce qu'on peut appeler la philosophie. Marx fonde, à propos de l'objet de l'histoire, à propos de la réalité du comportement des hommes, à propos de la production de l'économie politique, à propos des lois économiques politiques, à propos du développement historique des formations sociales, à propos des révolutions, Marx fonde ce que nous devons considérer, si nous voulons entrer dans l'essentiel de sa pensée, comme une discipline scientifique.

Ce qui distingue peut-être la science nouvelle, qui se fonde avec Marx, des sciences anciennes, c'est que Marx est obligé, par l'objet même qu'il considère, de se livrer à une critique radicale de la philosophie, et en même temps de constituer une théorie de la philosophie qu'il rejette. Marx est obligé de rejeter la philosophie et est obligé de faire une théorie de la philosophie, car la philosophie est un des objets qui existent dans le domaine de l'histoire. La philosophie, Marx la rencontre comme objet d'étude. Il est donc obligé à la fois de s'en libérer, et en même temps, d'en faire la théorie. C'est en cela que la pensée de Marx a, vis-à-vis de la philosophie, des exigences que les anciennes disciplines scientifiques n'avaient pas. Lorsque la physique s'est trouvé fondée, elle n'avait pas à rendre compte ; elle avait à rejeter une certaine philosophie de la physique, mais elle n'avait pas à faire la théorie de la philosophie. Elle ne rencontrait pas la philosophie dans le monde physique. On peut en dire autant de la plupart des disciplines scientifiques.

C'est l'histoire seule qui rencontre la philosophie de deux façons, à la fois comme ce dont elle doit se débarrasser, et ce dont
elle doit rendre compte. Car la philosophie fait partie du monde de
l'histoire, elle fait partie de son objet. C'est pourquoi, on peut dire
que l'exigence de critiquer la philosophie, et en même temps de la
penser, est au cœur de la pensée marxiste, est au cœur de la tentative de Marx. On peut dire l'inverse, que si Marx n'avait pas eu cette
exigence fondamentale, et de critique de la philosophie et de penser la philosophie qu'il critiquait, il serait passé à côté d'un problème essentiel au domaine qu'il occupait. Nous avons là déjà une
première preuve du fait que Marx a vraiment pris au sérieux sa tentative et en a développé toutes les implications. Marx ne pouvait pas
ne pas critiquer la philosophie, mais il était obligé aussi, par son
entreprise même, de faire la théorie de la philosophie comme idéologie. Et il l'a fait.

Deuxième partie de l'interview

La question du positivisme est une question cruciale pour le
marxisme, car dès qu'on dit : il faut laisser la philosophie de côté, il
faut se mettre à la science, aussitôt on pense que la philosophie est
morte et on pense que c'est ainsi que Marx a supprimé la philosophie, exactement comme la physique galiléenne a supprimé la philosophie aristotélicienne des qualités sensibles. Si nous avons affaire
à cela, effectivement nous sommes devant une science qui va se développer. C'est tout, il n'y a plus de philosophie du tout. C'est cela
le positivisme. Non pas que le positivisme soit cela ; le positivisme
est une doctrine philosophique, celle d'Auguste Comte, nous la
laissons de côté. Nous pensons à une espèce de philosophie qui
justement ne serait pas une philosophie, qui consisterait tout simplement à dire : il n'y a plus de philosophie, et nous avons affaire à
la science toute nue.

Justement la pensée marxiste n'est pas ce type d'absence de pensée. La philosophie marxiste n'est pas ce type d'absence de philosophie. Pourquoi ? Pour la raison suivante, c'est que pour Marx l'idée
d'une science toute nue est un non-sens, parce que pour Marx
l'idée d'une science toute nue est l'idée que le savant se fait de sa
science, et pour Marx c'est une idée que le savant se fait de sa
science. C'est donc une idéologie sur la science, c'est une idéologie
spontanée sur la science. Seulement cette idéologie scientifique
n'est pas non plus purement scientifique, n'est pas non plus une
science toute nue, n'est pas non plus une théorie toute nue, c'est

une théorie, c'est une idéologie, qui comporte des éléments scientifiques, mais qui baigne aussi dans des éléments idéologiques, dans des éléments non scientifiques.

La philosophie de Marx est la seule philosophie qui prenne au sérieux cette réalité, c'est-à-dire qui dise à la science : « tu n'es pas une science toute nue, prends conscience de ce que tu es, prends conscience de ce dans quoi tu baignes et critique ce dans quoi tu baignes, critique l'idéologie dans laquelle tu baignes et donne-toi l'idéologie de ce que tu fais réellement, donne-toi l'idéologie de tes propres actes, de ta propre pratique ». C'est cela la philosophie marxiste, dans son cœur, c'est d'être la philosophie de la pratique réelle de la science, c'est-à-dire à la fois la critique de toute idéologie qui spontanément assiège toute pensée scientifique et d'être en même temps la formulation de la pratique effective du savant, dans sa pratique scientifique même. C'est en cela que le marxisme ne peut pas être du positivisme, c'est-à-dire une science toute nue. C'est au contraire la théorie de cette réalité que la science n'est jamais une science toute nue. C'est la prise de conscience et la définition de ce qui habille toute science, c'est-à-dire de son contexte historique, de sa réalité historique, du champ historique dans lequel chaque science vit, chaque science se développe. C'est-à-dire des éléments idéologiques qui menacent à chaque instant l'activité du savant et des éléments idéologiques dont il a aussi besoin pour se défendre contre l'idéologie qui le menace et qui l'assiège.

Cette prise de conscience poussée à ses extrêmes conséquences, c'est cela le matérialisme pour Marx. Le matérialisme représente l'exigence de se débarrasser de toutes les illusions, de toutes les idéologies, de tout ce qui sert de masque à une activité qui ne se reconnaît pas telle qu'elle est. Critique de l'idéologie qui assiège toute forme d'activité, que ce soit l'activité scientifique, l'activité politique, l'activité artistique, etc. Ce côté de la critique des illusions, de la critique des mythes, est profondément ancré chez Marx. C'est absolument radical. Critique de la conscience, critique donc de toutes les illusions, c'est la première exigence du matérialisme.

La seconde exigence du matérialisme est évidemment beaucoup plus profonde encore – car la première n'est que critique, mais la deuxième est positive – c'est de considérer que toute activité humaine est située dans l'histoire, que cette situation dans l'histoire ne peut pas être comprise par un simple mot, comme un certain nombre de philosophes le font maintenant. Ce n'est pas l'historicité qui explique le fait d'appartenir à l'histoire. Ce qui est beaucoup plus important, c'est de savoir à quel champ historique déterminé

une activité appartient ; à qu'elle structure sociale existante, à quelle
formation sociale existante une activité déterminée appartient ; et
c'est de savoir sur quoi est fondé cette formation sociale déterminée. C'est-à-dire de connaître le mode de production dominant sur
lequel toute une formation sociale est fondée. Le matérialisme, dans
cette seconde acception, positive, est une pensée qui rapporte
toutes les formes d'activité à l'activité fondamentale, à la pratique
fondamentale d'une formation sociale déterminée, d'un temps déterminé.

C'est ainsi que, pour Marx, l'activité scientifique est reliée, évidemment par toute une série d'intermédiaires, au mode de production déterminant, au mode de production dominant, d'une
formation sociale déterminée. Il n'est pas possible de comprendre,
par exemple, le développement prodigieux de la recherche scientifique dans la période contemporaine sans savoir qu'elle est liée à
des modes de production qui attaquent la matière dans des domaines stratégiques, qui autrefois étaient interdits à la pratique humaine.

Si vous avez bien voulu nous suivre jusqu'aux dernières
conséquences de ce qu'est la critique de la philosophie chez Marx,
si vous avez bien voulu accepter que cette critique de la philosophie
n'était pas un positivisme, si vous avez bien voulu accepter que
cette critique supposait une pensée positive, et que cette pensée
positive était la mise en évidence des conditions fondamentales de
toute activité humaine, y compris l'activité scientifique, comme
reliée à ses conditions historiques dominantes, c'est-à-dire, en l'espèce, au mode de production existant dans une formation sociale
déterminée, à partir de ce moment-là, vous nous avez suivi jusqu'au
point où Marx a voulu aller, jusqu'au point où sa pensée théorique
est en prise directe sur la réalité.

C'est à la fois pour rencontrer cette réalité et en même temps,
c'est parce que l'ayant rencontrée, il voulait montrer qu'elle concer-
nait toute l'activité humaine, qu'il a énoncé cette pensée sous cette
forme, et c'est pourquoi sa pensée n'est pas une philosophie ou
une science nue, mais une science doublée d'une philosophie, qui
est la philosophie même des conditions de possibilité réelle, historique, de cette science.

Dans la *XIe thèse sur Feuerbach*, Marx dit « jusqu'à présent, le
monde, les philosophes l'ont interprété de façons diverses, il s'agit
maintenant de le transformer ». Ce texte peut avoir des résonances
volontaristes, comme s'il s'agissait, un beau jour, de se décider à
passer aux actes, de rompre avec une attitude théorique et philoso-

phique contemplative, purement passive, celle d'un regard, celle
de l'intelligence des choses, pour passer à une attitude pratique,
une attitude de l'action, de l'action politique, de l'action révolutionnaire. Mais je crois que ce serait mal comprendre la pensée de
Marx. Car il s'agit de transformer le monde pour une raison fondamentale ; c'est que le monde est lui-même transformation de soi ;
c'est que le monde est mouvement perpétuel ; c'est que le monde
est le devenir des sociétés humaines, le devenir des pensées humaines, le devenir des rapports des hommes entre eux ; le devenir
les rapports des hommes à la nature.

Toute cette transformation, cette transformation pratique, est
l'essence véritable de l'existence humaine, et dont la théorie n'est
qu'un moment, dont la théorie n'est que la réflexion, dans des
conditions déterminées, dans l'esprit des hommes. Tout ce mouvement repose en définitive sur la pratique fondamentale, sur les rapports que les hommes entretiennent avec la nature, la façon dont
les hommes s'attaquent à la nature, le type de rapports qu'ils entretiennent avec elle. Ce type de rapport change. Quand on cueille
des fruits aux branches d'un arbre, quand on plante un arbre pour
en cueillir les fruits, ce n'est pas le même type de rapport. Quand
on chasse une bête dans les bois, quand on garde des troupeaux
dans des prés, ce n'est pas le même type de rapport. Quand on la-
boure la terre, au lieu de ramasser les fraises sauvages, que le
printemps peut y avoir fait pousser, ce n'est pas même type de rapport. Quand on fouille la terre pour y trouver du minerai, ce n'est
pas le même type de rapports, etc. Je ne développe pas. Vous voyez
qu'on peut entretenir avec la nature des types de rapports différents, que ces rapports sont des rapports fondamentalement ac-
tifs, fondamentalement pratiques, qu'ils supposent un certain
mode de production, comme dit Marx, caractéristique.

Toute l'histoire humaine étant commandée, en dernière
instance, par le mode de production existant et par la transformation des modes de production, le monde, le monde des hommes,
le monde de l'histoire humaine, le monde des hommes dans leurs
rapports avec la nature, est en perpétuelle transformation et transformation de soi. Lorsque Marx dit « il faut transformer le monde »,
il veut dire simplement qu'il faut que les hommes s'insèrent
consciemment et organisent leur activité consciente de manière à
s'insérer dans cette transformation qui se fait dans ce monde, dont
l'essence est de se transformer ; il faut que les hommes s'insèrent
dans cette transformation du monde pour hâter la transformation
qui est en cours ; il faut que les hommes s'insèrent pratiquement,

politiquement, dans leurs organisations pour hâter pratiquement la gestation, qui est en cours, de nouvelles formes de rapports des hommes entre eux, une nouvelle forme de rapports des hommes à la nature. C'est-à-dire reconnaître la nécessité qui est en cours, re-connaître le type de nécessité de la transformation du monde qui est en cours, d'une part.

D'autre part, s'organiser de telle sorte que la conscience de-vienne agissante, en organisant en l'espèce les partis politiques, pour Marx il s'agissait de cela, et des partis politiques organisés de telle manière qu'ils fussent efficaces et qu'ils s'insérassent exacte-ment dans le devenir politique et social du monde, c'est-à-dire dans la nécessité même. Il s'agit de ne pas rater le train de l'histoire, il faut monter dans le train au bon moment. Il faut savoir à quel mo-ment s'insérer dans un processus, dans un processus nécessaire. On ne peut pas s'insérer n'importe où, n'importe comment, et à n'importe quelles conditions.

Penser toutes ces conditions, les réaliser, c'est cela la conscience que Marx appelle, et c'est cela la conscience dont il attend juste-ment cette accélération des mouvements de l'histoire et de la nécessité de l'histoire. C'est cela transformer le monde : c'est s'in-sérer dans sa transformation de façon consciente, pour en hâter l'échéance.

LES SOURCES DU CANON ÉPICURIEN

SEXTUS-EMPIRICUS,
CONTRE LES SAVANTS, VII, 211-216.

Texte grec translittéré (édit. Marcel Conche)

[211] oukoûn tỗn doxỗn katà tòn Epíkouron hai mèn alêtheîs eisìn hai dè pseudeîs, alêtheîsmèn haì te antimarturoúmenai pròs tễs enargeías, pseudeîs dè haí te antimarturoúmenai kaì ouk epimarturoúmenai pròs tễs enargeías. [212] ésti dè epimartúrêsis mèn katálêpsis di' enargeías toû tò doxazòmenon toioûton eînai hopoîón pote edoxázeto, oîon Plátônos makróthen prosióntos eikázômèn kaì doxázô parà tò diástêma hóti Plátôn estí, prospelásantos dè autoû prosemarturêthê hóti ho Plátôn estí, sunairethéntos toû diastễmatos, kaì epemarturêthê di' autễs tễs enargeías. [213] ouk antimartúrêsis dè éstin akolouthía toû upostathéntos kaì doxasthéntos adếlou tỗi phainoménôi, oîon ho Epíkouros légôn eînai kenón, óper estìn adễlon, pistoûtai di' enargoûs prágmatos toûto, tễs kinèsếôs : mè óntos gàr kenoû oudè kínêsis ỗreilen eînai, tópon mễ ékhontos toû kinouménou sômatos eis hòn peristếsetai dià tò pánta plếrê eînai kaì nastá, [214] ỗste tôi doxasthénti adễlôi mễ antimartureîn tò phainómenon kinếseôs oúsês. hê méntoi antimartúrêsis makhrómenón tí esti tễi ouk antimarturếsei : ễn gàr sunanaskeuễ toû hupostathénti adễlôi, hoîon ho stôikòs légei mễ eînai kenón, ádêlón ti axiỗn, toútôi dè oútôs hupostathéntiopheílei tò phainómenon sunanaskeuázesthai, phêmì d' hê kínêsis : mè óntos gàr kenoû kat' anágkên oudè kínêsis gígnetai katà tòn ẽdê prodedêlôménon hêmîn trópon. [215] hôsaútôs dè kaì hê oúk epimartúrêsis antíxous estì tễi antimarturếsei : ễn gàr hupóptôsis di' enargeías toû tò doxazómenon mễ eînai toûton per edoxázeto, hoîon pórrôthén tinos prosíontos eikázomen parà tò diástêma Plátôna eînai, allà sunairethéntos toû diastễmatos égnômen di' enargeías hóti oúk ésti Plátôn. kaì gégone tò toûton oúk epimartúrêsis : ou gàr

epemarturéthê tôi phainoménôi tò doxazómenon. [216] óthen
hê mèn epimartúrêsis kaì ouk antimartúrêsis toû alêthès eînai
ti ésti kritêrion, hê dè oúk epimartúrêsis kaì antimartúrêsis toû
pseûdos eînai. pántôn dè krêpìs kaì themélios hê enárgeía.

Traduction partielle de Geneviève Rodis-Lewis,
in Épicure et son école, *1975, p. 111.*

[213] La non-infirmation est la conformité entre la chose invisible, posée par hypothèse et conjecture, et le phénomène. Par
exemple, Épicure affirme l'existence du vide, ce qui précisément est
invisible (*adêlon*). Mais on y croit à cause de ce fait évident : le
mouvement ; car si le vide n'est pas, le mouvement non plus n'aurait pas dû exister, s'il n'y a pas de lieu vers lequel le corps en mouvement puisse se diriger, parce que tout serait plein et compact.
Ainsi le phénomène (évident) du mouvement n'infirme pas la chose
invisible qui est conjecturée.

Traduction de Marcel Conche,
in Épicure, Lettres et Maximes, *1987, p. 24.*

[211] Parmi les opinions, donc, selon Épicure, les unes sont
vraies, les autres fausses, les vraies étant celles qui sont confirmées
et <celles qui> ne sont pas infirmées par l'évidence (*enárgeia*), les
fausses celles qui sont infirmées et <celles qui> ne sont pas
confirmées par l'évidence. [212] La confirmation (*epimartúrêsis*) est
le fait de saisir avec évidence que ce qui est opiné (*tò doxazòmenon*)
et tel qu'il a été opiné, par exemple : Platon venant de loin, je
conjecture et opine, à cause de la distance, que c'est Platon ; quand
il s'approche, il devient plus certain que c'est lui ; et lorsque la
distance est réduite, la confirmation se fait par l'évidence même.
[213] La non-infirmation (*ouk antimartúrêsis*), d'autre part, est le
lien de conséquence (*akolouthía*) qui rattache l'invisible (*tò ádêlon*)
supposé et opiné au phénomène (*tò phainómenon*) ; par exemple,
quand Épicure dit que le vide, qui est invisible (*ádêlon*), existe cela
est confirmé par une chose évidente, à savoir le mouvement : car, le
vide n'étant pas, le mouvement, non plus, ne devrait pas être, le
corps en mouvement n'ayant pas de lieu dans lequel se placer,
toutes choses étant pleines et compactes, [214] de sorte que,
puisque le mouvement existe le phénomène (*tò phainómenon*)

n'apporte pas de démenti à l'invisible opiné. Mais l'infirmation (*antimartúrêsis*) est quelque chose d'opposé à la non-infirmation ; car c'est la réfutation, avec l'invisible supposé, du phénomène – comme quand, par exemple, le Stoïcien dit que le vide n'est pas, soutenant quelque chose d'invisible, le phénomène, je veux dire le mouvement, est nécessairement réfuté avec ce qui est ainsi supposé : car le vide n'étant pas, le mouvement non plus ne se produit pas, comme nous l'avons déjà montré. [215] De la même façon, la non-confirmation (*ouk epimartúrêsis*) est opposée à la confirmation. C'est en effet la constatation, par le moyen de l'évidence, que ce qui a été opiné n'est pas tel qu'il a été opiné, comme, par exemple, quelqu'un s'avançant de loin, nous conjecturons, à cause de la distance, que c'est Platon, mais, la distance réduite, nous savons, par l'évidence, que ce n'est pas Platon. Une telle chose est une non-confirmation, car l'opiné n'a pas été confirmé par le phénomène. [216] Par suite la confirmation et la non-confirmation sont le critère que quelque chose est vrai, mais la non-confirmation et l'infirmation le critère que quelque chose est faux. Ainsi l'évidence est la base et le fondement de tout.

Traduction de Long & Sedley (J. Brunschwig en français), in Les Philosophes Hellénistiques, *1987 [2001], 18A.*

(1) Parmi les opinions, selon Épicure, certaines sont vraies, et certaines fausses. Sont vraies celles qui sont attestées par l'évidence et celles qui sont non contestées par elle ; fausses, celles qui sont contestées par l'évidence et celles qui sont non attestées par elle. (2) L'attestation est la perception, par le biais d'une impression évidente de soi, du fait que l'objet de l'opinion est tel qu'on croyait qu'il était. Par exemple, si Platon s'avance de très loin, je forme l'opinion conjecturale, à cause de la distance, que c'est Platon. Mais quand il s'est approché, l'attestation s'ajoute que c'est bien Platon, maintenant que la distance est supprimée, et cela est attesté par l'évidence elle-même. (3) La non-contestation est le fait que la chose non évidente que l'on suppose et que l'on croit suit de ce qui est manifeste. Par exemple, Épicure, quand il dit que le vide existe, ce qui est non évident, le prouve par le biais d'une chose évidente, le mouvement ; car si le vide n'existe pas, le mouvement ne doit pas exister non plus, le corps n'ayant pas de place où aller si tout est plein et compact. Ainsi, ce qui est manifeste, puisque le mouvement existe, ne conteste pas la chose non évidente qui fait l'objet de l'opi-

nion. (4) La contestation, en revanche, est quelque chose qui est en conflit avec la non-contestation ; car c'est l'élimination de ce qui est manifeste par la chose non évidente qui est supposée. Par exemple, le stoïcien dit que le vide n'existe pas, et ce jugement porte sur une chose non évidente ; mais une fois que cette supposition est faite, la chose manifeste, à savoir le mouvement, doit être co-éliminée avec l'autre ; car si le vide n'existe pas, nécessairement le mouvement n'a pas lieu non plus, selon la méthode que nous avons déjà mise en lumière. (5) De même encore, la non-attestation fait pendant à l'attestation ; elle est en effet l'appréhension, par le biais de l'évidence, du fait que l'objet de l'opinion n'est pas tel qu'on croyait qu'il était. Par exemple, si quelqu'un s'avance de loin, nous formons la conjecture, à cause de la distance, que c'est Platon. Mais quand la distance est supprimée, nous reconnaissons grâce à l'évidence que ce n'est pas Platon. Voilà quel genre de chose est la non-attestation : ce que l'on croyait n'a pas été attesté par ce qui est manifeste. (6) Ainsi, attestation et non-contestation sont le critère de ce que quelque chose est vrai, tandis que non-attestation et contestation sont celui de ce que quelque chose est faux. Le socle est le fondement de toutes choses, c'est l'évidence.

Traduction de Joëlle Delattre-Biencourt,
in Les Épicuriens, *La Pléiade, p. 987-988*

[211] Donc, selon Épicure, parmi les opinions les unes sont vraies, les autres fausses : son vraies celles qui sont confirmées et non infirmées au regard de l'évidence, fausses celles qui sont infirmées et non confirmées au regard de l'évidence.

[212] La confirmation est une saisie compréhensive, au moyen de l'évidence, que ce qui est émis comme opinion est tel qu'il a été émis autrefois comme opinion. Par exemple, j'imagine que Platon s'avance au loin et, compte tenu de la distance, j'ai l'opinion que c'est Platon ; quand celui-ci s'est rapproché, une confirmation est venue s'ajouter, une fois la distance réduite : c'est bien Platon et, ce qui l'a confirmé, c'est l'évidence même. [213] La non-infirmation est l'implication par ce qui apparaît du non-visible supposé, c'est-à-dire de ce qui est l'objet d'opinion ; par exemple, quand Épicure dit qu'il y a du vide, ce qui précisément n'est pas visible, cela est assuré par une réalité évidente, le mouvement ; car s'il n'y a pas de vide, il ne devrait pas non plus y avoir de mouvement, le corps mû n'ayant pas de lieu vers lequel se tourner du fait que tout est plein et com-

pact, [214] si bien que la manifestation d'un mouvement existant n'infirme pas l'objet d'opinion qui n'est pas visible.

L'infirmation, elle, est quelque chose qui est en contradiction avec la non-infirmation. De fait, elle est, on le sait, la réfutation simultanée de ce qui apparaît et du non-visible supposé ; par exemple, si le stoïcien dit qu'il n'y a pas de vide, jugeant que c'est là quelque chose qui n'est pas visible, ce qui apparaît, je veux dire le mouvement, doit être réfuté en même temps que ce qui est objet de supposition – car s'il n'y a pas de vide, il advient nécessairement qu'il n'y a pas non plus de mouvement –, de la manière que nous avons déjà précédemment montrée. [215] Et, de même aussi, la non-confirmation est en contradiction avec la confirmation. Elle est en effet, on le sait, la rencontre par l'évidence du fait que l'objet d'opinion n'est pas tel qu'on se l'est précisément figuré. Par exemple, si quelqu'un s'avance au loin, nous imaginons, du fait de la distance, que c'est Platon ; mais une fois la distance réduite, nous avons reconnu par l'évidence que ce n'est pas Platon, et ce qui s'est produit, c'est une opération de cette sorte : la non-confirmation, [216] car l'objet d'opinion n'a pas été confirmé par ce qui apparaît. De là vient que confirmation et non-infirmation sont les critères de la vérité d'une chose, tandis que non-confirmation et infirmation le sont de sa fausseté. Mais c'est l'évidence qui est le soubassement et le fondement de tout.

Traduction partielle de Julie Giovacchini,
in L'empirisme d'Épicure, *p. 24*

Parmi les opinions selon Épicure, certaines sont vraies, d'autres fausses. Sont vraies celles qui sont attestées et non contestées par l'évidence, sont fausses celles qui sont contestées et non attestées par l'évidence. Il y a attestation quand il y a saisie, par une impression évidente, du fait que ce qui est objet d'opinion est-tel qu'on le supposait ; [...] Il y a non contestation quand il y a consécution de ce qui, non évident, est objet d'hypothèse et d'opinion à ce qui est selon le phénomène ; [...] il y a au contraire contestation dans le cas opposé à celui de la non contestation, car c'est une suppression du phénomène <qui suit> de ce qui, non évident, est objet d'hypothèse ; [...] et la non-attestation également est l'opposé de l'attestation, car c'est l'appréhension, par le biais de l'évidence, du fait que ce qui est objet d'opinion n'est pas tel qu'on le supposait. [...] De là attestation [et] non contestation sont le critère de ce qui est vrai, tandis que non attestation et contestation sont <le critère> de ce qui est faux. Et c'est l'évidence qui est le fondement, la pierre d'angle de toute chose.

DIOGÈNE LAËRCE, X, 32-33

Traduction Marcel Conche,
in Épicure, Lettres et Maximes, *p. 34-35.*

[32] C'est à partir des phénomènes qu'il faut inférer au sujet des choses qui ne tombent pas sous les sens.

[33] L'objet de l'opinion (*tò doxastón*) dépend de quelque chose d'évident qui précède, à quoi nous référant, nous parlons ; par exemple : «d'où savons-nous que ceci est un homme?». [34] L'opinion (*dóxa*), il l'appelle aussi présomption (*hupólêpsis*), et la disent vraie ou fausse : si elle est confirmée ou n'est pas infirmée, elle est vraie ; si elle n'est pas confirmée ou est infirmée, elle se trouve fausse. De là l'introduction de l'expression *tò prosménon*, « ce qui attend» confirmation : comme, par exemple, le fait d'attendre et de s'approcher de la tour, et d'apprendre comment elle paraît de près.

Traduction Pierre-Marie Morel,
in Épicure, Lettres, maximes et autres textes, *p. 57.*

[32] En outre, le fait que les perceptions soient effectives garantit la vérité des sensations : nous voyons et nous entendons effectivement, de même que nous souffrons. De là vient également que, concernant les réalités non manifestes, il faut inférer à partir de signes en partant des choses apparentes. En effet, toutes les conceptions viennent des sensations, par incidence, par analogie, par similarité ou par synthèse de propriétés ; le raisonnement lui aussi y contribue en quelque manière.[...]

[33] En outre, ce qui peut faire l'objet d'une opinion dépend de quelque chose d'évident et d'antérieur, auquel nous nous référons quand nous disons par exemple : « d'où savons-nous si ceci est un homme?» [34] Ils disent aussi que l'opinion est une supposition, et qu'elle peut être vraie ou fausse : si elle est attestée ou non contestée, elle est vraie ; tandis que si elle n'est pas attestée ou si elle est contestée, c'est qu'elle est fausse. D'où vient qu'on ait introduit «ce qui attend confirmation». Par exemple : attendre, s'approcher de la tour, et apprendre comment elle apparaît de près.

Pour les textes épicuriens

Un grand nombre de textes classiques épicuriens, ou citant des sources épicuriennes, ou les critiquant, sont désormais regroupés en français sous le titre *Les Épicuriens*, par Daniel DELATTRE, Bibliothèque de la Pléiade, Éditions Gallimard, Paris 2010, 1481 pages. On évitera la traduction du poème de Lucrèce souvent laborieuse.

La traduction la plus savante et la plus exacte des trois *Lettres d'Épicure*, des 40 *Maximes Capitales* rapportées par Diogène Laërce, et des 81 *Sentences Vaticanes* attribuées à Épicure et ses disciples est celle fournie par Pierre-Marie MOREL, Flammarion, Paris, 2011, 206 pages, dans une collection de poche bon marché. Le traducteur reprend en annexe un certain nombre de textes majeurs des sources épicuriennes.

Reste incontournable l'édition des *Lettres et Maximes*, texte grec, traduction et apparat critique établie par Marcel CONCHE en 1977, disponible désormais aux éditions des PUF, 327 pages. Notamment sa présentation de la *Lettre à Hérodote* est restée indépassée. Ses index des matières, des passages cités et des termes épicuriens sont précieux.

Le texte complet du livre X des *Vies et Doctrines des Philosophes Illustres*, de DIOGÈNE LAËRCE, est disponible en livre de poche à la Librairie Générale Française, Paris, 1999, 1398 pages. La traduction et l'apparat critique donnés par Jean-François BALAUDÉ se veulent les plus fidèles aux textes d'origine. Par ailleurs, l'ouvrage est un livre de chevet pour tout amateur de la philosophie grecque, truffé de pépites savoureuses et de références savantes.

Pour LUCRÈCE, *De la nature*, l'édition et la traduction de José KANY-TURPIN, Flammarion, Paris, 1993, 552 pages est une référence érudite dans une édition bon marché.

Marcel CONCHE, *Lucrèce et l'expérience*, réed. PUF 2011, 320 pages, est incontournable, notamment son chapitre sur le mouvement des atomes, pp. 73-87. Son tableau synoptique de la structure du poème est précieux, comme sont éclairantes les traductions des passages du DRN qu'il donne en annexe.

Pour la beauté de la langue, on appréciera la traduction du *De Natura Rerum* de Lucrèce par Olivier SERS, Les Belles Lettres, Paris,

2012, 510 pages, entièrement rendue en alexandrins, dont certains passages sont de purs bijoux poétiques.

Pour les ouvrages consacrés à Épicure, en français

La plus séduisante et la plus pénétrante étude consacrée à Épicure demeure le livre de Geneviève RODIS-LEWIS, *Épicure et son école*, Gallimard, Folio, Essais n° 227, Paris, 1975, 410 pages. Il n'a pas pris une ride.

L'étude la plus complète et la plus rigoureuse consacrée à la philosophie d'Épicure est sans doute l'*Épicure*, de Pierre-Marie MOREL, Vrin, Paris, 2009, 222 pages. P.-M. Morel a successivement consacré ses études à Aristote, Démocrite, puis Épicure. Il domine ainsi le fond philosophique grec sur lequel pense Épicure.

Avec Alain GIGANDET, Pierre-Marie MOREL dans *Lire Épicure et les épicuriens*, PUF, Quadrige, Paris, 2007 présentent neuf articles faisant le point sur les recherches actuelles consacrées à l'épicurisme, avec le souci du respect des sources.

Parmi les études déjà un peu anciennes, Jean SALEM, *Tel un dieu parmi les hommes. L'éthique d'Épicure*, Paris, Vrin, 1989, est une référence matérialiste solide.

Parmi les travaux plus récents , Julie GIOVACCHINI, *L'Empirisme d'Épicure*, Classiques Garnier, Paris, 2012, 225 pages, qui étudie l'épicurisme dans le contexte culturel de l'hellénisme, notamment l'empirisme médical.

Pour les ouvrages, en langue étrangère, consacrés
au clinamen

On signalera deux références remarquables :

Tim O'KEEFE, *Epicurus on Freedom*, Cambridge university press, 2005, 175 pages, en américain, qui est le tenant du rôle minimaliste que joue la déviation dans la philosophie épicurienne.

Francesca Guadaluppe MASI, *Epicuro e la filosofia della mente*, Academia Verlag, Sankt Augustin, 2006, 283 pages, qui édite en grec et traduit en italien le Livre XXV du *Peri Phuseos* d'Épicure. En décortiquant l'intégralité des études récentes les plus sérieuses consacrées au *clinamen*, elle défend la thèse selon laquelle Épicure a introduit la déclinaison (*parégklisis*) dans une phase ultérieure à la rédaction de son traité pour justifier le pouvoir causal de l'esprit et éviter ainsi les implications déterministes du mécanisme admis au niveau du mouvement des atomes.

Table des matières

www.ingramcontent.com/pod-product-compliance
Lightning Source LLC
LaVergne TN
LVHW051556080426
835510LV00020B/2998